LA QUESTION

DE

MADAGASCAR

(Les droits et les intérêts de la France)

Par E. GUILLON

Rédacteur en chef du RÉVEIL DU DAUPHINÉ
Agrégé de l'Université
Membre de la Société des Etudes maritimes et coloniales

PARIS

LIBRAIRIE CENTRALE DES PUBLICATIONS POPULAIRES
45, rue des Saints-Pères

—

GRENOBLE

LIBRAIRIE A. GRATIER, GRANDE-RUE

—

1886

LA QUESTION

DE

MADAGASCAR

LA QUESTION

DE

MADAGASCAR

(Les droits et les intérêts de la France)

Par E. GUILLON

Rédacteur en chef du RÉVEIL DU DAUPHINÉ
Agrégé de l'Université
Membre de la Société des Etudes maritimes et coloniales

PARIS

LIBRAIRIE CENTRALE DES PUBLICATIONS POPULAIRES

45, rue des Saints-Pères

GRENOBLE

LIBRAIRIE A. GRATIER, GRANDE-RUE

1886

Du même auteur :

QUESTIONS COLONIALES

L'Egypte contemporaine et les intérêts français.
  Brochure. 1885.
Le Conflit franco-chinois. Brochure. 1885.
Les Colonies françaises. 1 vol. 1881.

HISTOIRE ET POLITIQUE

**Lakanal et l'Instruction publique sous la
  Révolution.** 1 vol. 1881.
Petite histoire de la Révolution et de l'Empire.
  1 vol. 1883.
Les Généraux de la République. 1 gros volume,
  2ᵉ édit. 1885.

PARIS

LIBRAIRIE CENTRALE DES PUBLICATIONS POPULAIRES

45, rue des Saints-Pères.

LA QUESTION

DE

MADAGASCAR

(Les droits et les intérêts de la France)

La paix vient d'être signée avec Madagascar. En attendant qu'elle soit ratifiée, il n'est pas inutile de dire pourquoi nous étions là-bas et ce que nous y faisions. Car beaucoup de gens l'ignorent encore. Toutefois, on ne saurait traiter la question de Madagascar, c'est-à-dire exposer les droits et apprécier les intérêts de la France, sans étudier sommairement le littoral, le climat, les ressources de cette grande île, ainsi que les races qui la partagent. Une courte notice géographique est donc la préface nécessaire de l'histoire de nos établissements d'autrefois et de nos revendications d'aujourd'hui.

L'île de Madagascar, successivement nommée île *Saint-Laurent*, île *Dauphine*, *France Orientale*, et appelée par les indigènes la *Grande Terre* (Hiera-Bé), s'étend au sud-est du continent africain dont elle est séparée par le canal de Mozambique, sur une largeur d'environ 400 kilomètres.

Au nord, l'île allongée en pointe est terminée par le cap d'Ambre. Plus arrondie au sud, elle forme le cap Sainte-Marie. Entre ces deux extrémités, la côte orientale est, en général, peu découpée. Les principaux accidents en sont, à partir du cap d'Ambre, la baie de Diego-Suarez, semée de petites îles, la baie de Vohémar, la presqu'île et le cap Masouala qui ferme à l'est la baie profonde d'Antongil. Au sud du cap Bellone, le littoral est bas, semé de marais et d'étangs ; on y trouve la petite île de Sainte-Marie. Les ports sont rares. Ce sont Tintingue, Fenerife, Foulpointe, Tamatave où aboutit la route de Tananarive et Andevou-rante. Au sud-est, s'ouvre la baie de Sainte-Luce, et au sud, Fort-Dauphin. Après qu'on a doublé le cap Sainte-Marie, le littoral redevient nu, sans abris, souvent dange-reux. En remontant vers le nord, ¦sur la côte occidentale, on rencontre la baie de Saint-Augustin, le cap Saint-Vincent, l'archipel des Assassins, où le brick français la *Grenouille* fut pillé et son équipage massacré en 1852 ; la baie de Mou-roundava et le cap Saint-André. La côte change alors brus-quement de direction et aussi de caractère. Elle est plus riche en havres, plus saine, plus favorable à la colonisa-tion (1). On y trouve la belle rade de Bombetok, qui ren-ferme celle de Mazunga, la large baie de Passandava, où sont les îles françaises de Nossi-Bé et de Nossi-Faly, enfin la baie d'Ambarou et le cap Saint-Sébastien.

Orientée du sud-ouest au nord-est, l'île est traversée dans toute sa largeur par une série de chaînes parallèles à la côte orientale et qui forment des chaînons secondaires dont quelques-uns atteignent jusqu'à 2,500 mètres. Cette chaîne détermine deux versants bien distincts : le versant occiden-tal qui se déverse dans le canal de Mozambique par plu-sieurs cours d'eau, dont un reçoit la rivière qui passe à Tananarive ; le versant oriental, arrosé par les deux plus grandes rivières de l'île. Aucun de ces cours d'eau n'est navigable, sauf pour des pirogues, et à quelque distance

---

(1) *Guillain*. — Documents sur l'histoire, la géographie et le commerce de la partie ouest de Madagascar, 1845, in-8°.

de l'embouchure. En général, les eaux abondent à Madagascar. Si le climat est chaud et malsain sur les côtes, il est meilleur sur les plateaux et dans les hautes vallées de l'intérieur. Il comprend deux saisons : la saison *sèche*, d'avril à novembre, la saison *des pluies*, de novembre à avril.

La superficie de Madagascar serait de 590,000 kilomètres carrés. C'est donc un territoire énorme, et plus vaste que la France, que celui de cette île massive qui paraît une dépendance géographique du continent africain, mais qui en est si profondément distincte, d'après l'explorateur Alfred Grandidier. Par sa nature physique, par sa faune, par sa flore, Madagascar, comme l'Australie, forme une terre bizarre, épave monstrueuse d'un monde disparu.

Elle ne possède, en effet, aucun des grands mammifères des continents voisins. Seuls les crocodiles infestent ses rivières. En revanche, elle est le centre d'apparition d'une famille de singes qu'on ne trouve que dans ses forêts. Elle renferme plusieurs espèces d'oiseaux inconnus ailleurs. Enfin, sa faune fossile est encore plus curieuse, si l'on en juge par les ossements du plus grand des oiseaux, l'*épiornis*. Les minéraux y sont assez abondants. M. Grandidier y a signalé des gisements de houille, de cuivre, de plomb, de manganèse, et du minerai de fer, dans les montagnes. Mais tous les naturels s'accordent à vanter la richesse et l'originalité de la végétation, bien que la moitié du sol soit impropre à la culture.

L'île est garnie d'une ceinture de bois, large de plusieurs milles, dont les essences sont d'une infinie variété : bois de charpente et de construction, bois d'ébénisterie, etc., avec les autres végétaux, tels que le riz, le café, la canne à sucre, le manioc, le coton, le tabac, les épices de toute sorte, les fruits et les légumes (1).

---

(1) Pour cette étude particulière de l'île, il faut lire : *L. Simonin* : Voyage aux pays lointains : Aden, Maurice, Mada-

Toutefois, ces richesses naturelles ne sont guère exploitées par les indigènes, qui mettent le feu à des forêts vierges de plusieurs lieues pour défricher quelques centaines de mètres carrés. Les routes, non entretenues, sont de simples sentiers où deux personnes ne peuvent marcher de front. La route la plus courte, de la côte orientale à Tananarive, part d'Andevourante ; le voyage dure de six à douze jours. On le fait à pied, en bateau et en palanquin. D'ailleurs, les Malgaches se refusent à ouvrir des routes, de peur de les ouvrir aux invasions européennes. On raconte que Radama Ier répondait, quand on le menaçait d'une expédition française : « J'ai à mon service deux officiers, « le général Forêt et le général Fièvre (*Hazo* et *Fazo*), que « j'opposerais victorieusement à n'importe quel chef euro- « péen. »

L'industrie n'existe presque pas. Elle se borne à fabriquer quelques étoffes, des chapeaux de fibres, des ustensiles et des armes. Les arts industriels, créés et développés par l'énergie de M. Laborde, sont retombés dans le néant après son exil en 1857. Tous ses établissements ont été détruits. Quant au commerce, il est difficile d'en établir la statistique. On l'évalue à 25 millions par an. Il vit surtout des importations de l'Angleterre, des États-Unis, de l'Allemagne et de la France. Le pavillon français entre, à lui seul, pour plus de 50 % dans le mouvement du port de

---

gascar ; Paris, 1867 ; *E. Blanchard*, de l'Institut : L'île de Madagascar, Revue des Deux Mondes (1er juillet, 1er août, 1er septembre, 15 septembre 1872), et surtout *A. Grandidier* : Histoire physique, naturelle et politique de Madagascar. Paris, 1876-1884, 16 vol. in-4°, Hachette. M. Grandidier, chargé d'une mission en 1865, est resté plusieurs années à Madagascar, dont il a entrepris l'exploration géographique, ethnographique, scientifique. Il s'y est signalé par les plus intéressants travaux qui font désormais son nom inséparable de celui de Madagascar. Il lui reste encore plusieurs volumes à publier.

Tamatave, et les Anglais, qui parlent si fièrement de leurs intérêts à Madagascar, n'y comptent que 20 °/₀ (1).

D'ailleurs, les échanges y sont à l'état rudimentaire. La seule monnaie en circulation est notre pièce de 5 francs, dont l'introduction est due à M. Lambert. Cette pièce, nommée piastre dans le pays, est coupée en quatre, douze, et jusqu'à trente-deux parties égales dont les marchands apprécient la valeur au moyen de petites balances qu'ils portent toujours avec eux. Dans le sud et dans le sud-ouest, la monnaie est remplacée par des marchandises mêmes, fusils, poudre, toiles, miroirs, rhum, etc. Il faut ajouter que le Malgache a peur de posséder ; car, sous un gouvernement avide et soupçonneux, les biens sont une source d'ennuis. De plus, les impôts, perçus par les Hovas, sont écrasants.

Les riches ont presque toute leur fortune en troupeaux de bœufs, dont la nourriture ne coûte rien. On les laisse errer dans les prairies, après les avoir marqués. Malgré le bas prix du bétail (un bœuf coûte environ 30 francs), ces troupeaux donnent un revenu qui suffit aux goûts indolents des Malgaches.

Quelle est la population de la Grande-Terre ? Elle s'élève à quatre millions, suivant Grandidier. D'autres l'évaluent à deux, à quatre, et même à six millions. Elle est formée par trois races principales : la race malaise, à laquelle appartiennent les *Hovas*, nos ennemis, les plus intelligents et les plus actifs, mais aussi les plus fourbes, les plus cruels et les plus vicieux des indigènes ; la race nègre, représentée par les *Sakalaves*, nos alliés, agriculteurs et hospitaliers, mais turbulents et cupides. Ils sont les premiers et les légitimes possesseurs de l'île. On les désigne souvent sous le nom

---

(1) *Cf. Fontpertuis* : Economiste français, n° du 8 avril 1883 ; *Bainier* : L'Afrique. Géographie Commerciale ; *Lanier* : Lectures géographiques : Afrique.

de *Malgaches* ; enfin, la race blanche mêlée qui forme les Arabes *Antakares* du nord-ouest et du sud-ouest.

L'île est presque entièrement sous la domination des Hovas qui l'ont divisée arbitrairement en vingt-deux provinces. Le gouvernement est absolu, et exercé par *le premier ministre* sous le règne des femmes. Le premier ministre et ses collègues (il y a huit ministères) se réunissent en conseil chez la reine. Des courriers transmettent les ordres de la reine et des ministres aux gouverneurs des provinces qui cumulent toutes les fonctions. Chaque village est administré par un chef électif ou héréditaire, sous la surveillance du gouverneur hova, le plus voisin de son pays. Quant aux lois malgaches, elles sont très rigoureuses.

Elles servent à maintenir un peu d'ordre dans cette société grossière. Car si la reine et les grands personnages sont convertis au protestantisme, prêché par les méthodistes anglais, en revanche le peuple reste attaché à ses superstitions, à ses prêtres et à ses sorciers.

L'armée n'est plus celle que décrivait Grandidier, en 1872, et dont il disait : « L'armée serait d'autant moins ca-
« pable de résister à un corps d'expédition européen que,
« malgré la discipline sévère à laquelle elle est soumise et
« qui a été cause de sa supériorité incontestée à Madagas-
« car, la plupart des soldats, las de l'oppression tyrannique
« sous laquelle ils sont courbés, seraient heureux, au pre-
« mier échec, de déserter et de se joindre aux ennemis. »
(*Bulletin de la Société de Géographie*, avril 1872). Son effectif, que Grandidier portait alors à 35,000 hommes, n'a pas seulement augmenté depuis que les Hovas sont aux prises avec la France. Son armement est emprunté aux récentes améliorations européennes, et l'ancienne sagaie a disparu devant les armes à tir rapide, Snider et Remington, fournies par la contrebande de guerre, en dépit des croisières françaises. Enfin, si elle manque encore d'artille-

rie, son instruction militaire a été poussée par quelques officiers anglais, auxquels sont confiés dans l'île quelques points stratégiques. Tel est le zèle de nos séculaires rivaux qui débitent, avec un égal succès, les bibles de la Société Evangélique, les cotonnades de Manchester et les carabines de précision, pour assurer le développement de la civilisation européenne et surtout de la suprématie britannique.

En effet, autant que par ses richesses naturelles inexploitées, autant que par les ressources d'un vaste pays livré à l'anarchie politique et à la stérilité économique, c'est par sa situation maritime que Madagascar est aux yeux de l'Angleterre et doit être aux yeux de la France, d'une énorme importance.

Moindre, il est vrai, qu'à l'époque où la route des Indes passait uniquement par le Cap de Bonne-Espérance. Réelle pourtant, puisque le canal de Suez peut être fermé aux navires de guerre par la politique internationale, sans que nos possessions d'Indo-Chine cessent de réclamer notre protection. Dans ce cas, la vieille route suivie par les Portugais est ouverte à nos vaisseaux, et Madagascar redevient une escale de premier ordre, qui complète la Réunion. Car Madagascar se trouve au centre d'un vaste archipel fragmentaire dont nous possédons quelques îles, comme Mayotte, à l'ouest, la Réunion, à l'est, détachées de ses flancs comme deux postes avancés, surveillant la route des Indes.

Les avantages de Madagascar, à la fois station commerciale et militaire, ont été mis en relief, avec une singulière vigueur, dans un livre récent dont il faut absolument citer le passage suivant :

« Les navires à voiles, parcourant les voies de l'Europe, des Indes ou de l'Australie, relâcheront, en effet, directement dans les rades facilement accessibles de Madagascar pour y déposer leur cargaison ou pour charger en vue de leur retour, plutôt que de se risquer dans le canal de Mozambique ou d'atterrir directement sur la côte d'Afrique, où ils seraient généralement contrariés par le régime des vents, des courants, des atterrissages et par l'incommodité des rades. Quant au transport des marchandises à leurs destinations primitives, entre Madagascar et les comptoirs du continent africain, il s'effectuera ensuite au moyen de petits vapeurs côtiers faisant la navette à travers le canal de Mozambique. Nul doute que le commerce français à Madagascar ne tire ses meilleurs profits de cette situation privilégiée *d'entrepôt*, qui a fait en si peu de temps la fortune de Hong-Kong dans les mers de Chine...

« En définitive, c'était à Madagascar seulement que nous pouvions trouver, pour notre marine militaire, une assiette suffisante, la mettant à même de tenir en échec les forces du Cap , d'annihiler entièrement l'action militaire des Seychelles et de Maurice et d'intercepter, par conséquent, les voies de communication de l'archipel britannique avec son empire des Indes, par le sud de l'Afrique. Remarquons enfin qu'en laissant à la suprématie anglaise la place libre dans cette île, nous sacrifierions, du même coup, l'avenir commercial de nos petites colonies environnantes de la Réunion, de Sainte-Marie, de Mayotte, de Nossi-Bé, qui, de plus, tomberaient inévitablement, en cas de guerre, entre les mains de l'Angleterre, si cette puissance occupait militairement la position stratégique centrale et dominante de cet archipel. Il s'agit donc pour nous, aujourd'hui, dans la question de Madagascar, non pas seulement d'ajouter une nouvelle et importante possession à nos colonies actuelles de la côte orientale d'Afrique, mais bien d'abandonner ou non, à l'Angleterre, ces dernières épaves de notre fortune coloniale des siècles passés et les clefs de la mer des Indes par les routes du Cap (1). »

---

(1) *Les Colonies nécessaires* (Tunisie, Tonkin, Madagascar), *par un marin.* Paris, Ollendorf, 1 vol., 1885.

On connaît maintenant le pays où la France a la prétention d'exercer des droits qui remontent à plus de deux siècles. Dans le courant du XVIIe et du XVIIIe siècles, la France a fait quatre tentatives successives pour s'établir à Madagascar. Dans la première moitié du XIXe, elle a renouvelé à plusieurs reprises ses essais coloniaux. Aujourd'hui, elle vient de lutter pour faire respecter, à défaut d'établissements territoriaux, une incontestable souveraineté historique.

C'est l'histoire de cette longue série d'efforts qui forme le véritable sujet de ce travail. Le moment est venu de la raconter (1).

I.

C'est aux Portugais que revient l'honneur de la découverte de Madagascar, qu'on l'attribue à Lorenzo d'Alméida ou à Fernando Suarez, en 1506. Les premiers colons et missionnaires qui débarquèrent au sud-est, dans la baie Ranoufoutsy, ayant été massacrés, vers 1548, les Portugais abandonnèrent l'île où ils furent remplacés par les Français.

Dès les premières aunées du XVIIe siècle, de hardis marins normands touchèrent dans l'île. En 1642, Richelieu, qui voulait faire de la France une puissance maritime et coloniale, délivra au capitaine Rigault, de Dieppe, des lettres-patentes qui lui concédaient Madagascar « pour y ériger « colonies et commerce et en prendre possession au nom de « S. M. T. C., avec le droit exclusif de commerce pendant

---

(1) Le meilleur livre qu'on puisse consulter pour cette histoire, le plus complet et le plus français, est celui de M. Henry d'Escamps : *Histoire et Géographie de Madagascar*. 1 vol. in-8°, Didot, 1884.

« dix années. » Une compagnie fut fondée qui prit le nom de *Société de l'Orient*.

Ses deux agents, Pronis et Fauquembourg, partirent de France avec douze hommes seulement, qui s'accrurent d'un léger renfort dès leur arrivée à Madagascar. Leur premier établissement fut dans la baie de Sainte-Luce, où ils furent décimés par la fièvre. Pronis fonda alors Fort-Dauphin (1644), puis il remonta vers le nord où il créa des postes à Sainte-Marie et à Fenerife. Mais il n'était qu'un détestable administrateur qu'il fallut remplacer.

En 1648, Etienne de Flacourt, un des directeurs de la Compagnie, arriva au Fort-Dauphin, avec le titre de gouverneur général de Madagascar. Avec autant d'habileté que d'énergie, Flacourt ramena l'ordre dans la colonie, gagna la sympathie des indigènes, explora plusieurs provinces et occupa l'île Mascareigne qu'il appela *Bourbon*. Malheureusement, les efforts de Flacourt furent peu secondés. Le gouvernement était aux mains de Mazarin, qui n'avait pas d'argent pour les expéditions lointaines, et que la Fronde détourna de ce qui se passait à Madagascar. En 1655, Flacourt revint en France chercher des secours. Il en obtint et repartit, mais se noya pendant la traversée (1).

Pronis, pendant son absence, avait repris le commandement de la colonie et le garda. Mais il mourut bientôt. Ses soldats furent protégés par l'intervention d'un Français, Lacase, qui avait épousé la fille d'un chef indigène. Toutefois, la colonie périclita, et la Société de *L'Orient* fut dissoute en 1664.

C'était le moment où Colbert relevait nos finances et s'efforçait d'accroître les ressources du royaume. Héritier de la pensée de Richelieu, il fonda plusieurs Compagnies

---

(1) La relation de son voyage fut publiée à Paris en 1658. Elle abonde en renseignements dont les explorateurs contemporains ont reconnu et confirmé l'exactitude.

de commerce, parmi lesquelles celle des *Indes Orientales*, au capital de quinze millions. Madagascar, sous le nom d'*Isle Dauphine*, fut cédée à la Compagnie nouvelle que le roi entoura d'une singulière faveur. La reine, le dauphin, les princes, les cours de justice, les officiers de finance, les corps de villes, les corporations des marchands furent *invités* à apporter leurs souscriptions. Pour échauffer le zèle du public, un membre de l'Académie française, aujourd'hui parfaitement obscur, Charpentier, fut chargé de faire valoir tous les avantages de l'entreprise, dans le « Discours « d'un fidèle sujet du roi touchant l'établissement d'une « Compagnie française pour le commerce des Indes Orien- « tales. »

Mais la Compagnie conduisit mal ses opérations. Plusieurs gouverneurs s'y succédèrent sans résultats : MM. de Beausse, de Mondevergue, de La Haye, de Champmargou, de La Bretesche. En 1672, presque tous les colons furent massacrés par les Malgaches, et la Compagnie des *Indes Orientales* fut dissoute comme l'avait été la Société de *L'Orient*. Toutefois, le gouvernement ne renonça pas à ses droits, et des arrêts du Conseil, de juin 1686, de mai 1719, de juillet 1720, de juin 1721, rappelèrent formellement que Madagascar était *possession française*. Une curieuse carte manuscrite du géographe Grossin (1731), conservée à la Bibliothèque Nationale, indique l'étendue des territoires soumis à notre influence durant les trente années que nous avions passées dans l'île (1).

Jusqu'à la fin du règne de Louis XV, l'île ne fut visitée que par des voyageurs isolés et pacifiques. Elle fut l'objet des préoccupations des gouverneurs de Bourbon, surtout de

---

(1) Cf. G. Marcel : Les droits de la France sur Madagascar *Revue Scientifique* (nos du 7 et du 14 avril 1883). Cf également le très intéressant *Rapport* présenté à la Chambre des députés par M. de Lanessan, sur les crédits de Madagascar, 1885.

La Bourdonnais et de l'intendant Poivre. Poivre, dont les services sont trop peu connus, fit explorer la côte de Madagascar par le chevalier Grenier et l'astronome Rochon, en 1769. L'année suivante, le naturaliste Commerson étudia les environs du Fort-Dauphin. C'est de là qu'il écrivait à son ami l'astronome Lalande, en 1771 : « Quel admirable pays que « Madagascar ! C'est à Madagascar que je puis annoncer « aux naturalistes qu'est la terre de promission pour eux. « C'est là que la nature semble s'être retirée comme dans un « sanctuaire particulier pour y travailler sur d'autres mo- « dèles que ceux où elle s'est asservie ailleurs. Les formes « les plus insolites, les plus merveilleuses, s'y rencontrent « à chaque pas. »

Choiseul avait essayé de ramener la France à Madagascar. Son idée survécut à sa disgrâce. En 1773, le duc d'Aiguillon confia cette mission à un officier étranger, Maurice Beniowski. C'est un véritable roman que la vie de ce magnat Hongrois, dans un siècle où la politique, la diplomatie et la guerre suscitèrent tant d'aventuriers.

Tour à tour officier dans l'armée autrichienne, exilé en Pologne, défenseur de Cracovie contre les Russes, interné à Kazan, déporté au Kamtchatka, réfugié au Japon, puis à Macao, conduit par le hasard à l'île de France, puis au Fort-Dauphin, enfin présenté dans les salons de Paris et honoré des faveurs de la Cour, Beniowski reçut le commandement d'une petite troupe et débarqua dans la baie d'Antongil. Il construisit une ligne de forts et de postes le long de la côte orientale, ouvrit des routes, reconnut le pays, noua des alliances avec les chefs indigènes, et durant trois ans acquit un ascendant prodigieux sur ces tribus qui le proclamèrent roi (1776). Il vint alors à Paris pour faire approuver sa politique. Déçu dans ses projets, il abandonna le service de la France.

Après dix ans d'absence, le roi de Madagascar reparut dans la baie d'Antongil, avec une poignée de partisans recrutés aux Etats-Unis. Il y fut accueilli avec enthousiasme, 1785. Mais le gouverneur de l'île de France envoya contre lui un navire de guerre. Beniowski, réfugié dans un fort, essaya de résister. Il fut tué, laissant le souvenir, encore vivant, de ses aventures extraordinaires.

Madagascar fut abandonnée une troisième fois. La Révolution entreprit de la ressaisir.

En 1792, l'Assemblée Législative y envoya un commissaire civil, Daniel Lescallier. La Convention l'y maintint, mais il en revint en 1796, sans avoir rien pu fonder. Le Consulat reprit l'œuvre de la Convention. En 1804, sur l'ordre de Bonaparte, le général Decaen, gouverneur de nos possessions de l'Océan Indien, travailla à relever nos établissements Malgaches ; Tamatave en devint le chef-lieu. Mais l'île Bourbon, puis l'île de France, enfin Tamatave tombèrent au pouvoir des Anglais (1811). Telles avaient été, pendant deux siècles, les quatre tentatives de la France sur Madagascar, tentatives où s'étaient révélées, depuis la Révolution comme sous l'ancien régime, l'unité et la persistance de notre politique coloniale (1).

II.

En 1814, les Anglais nous rendirent une partie de nos colonies, dont l'île Bourbon ; mais, en vertu de l'article 8 du traité de Paris, ils prétendirent faire de Madagascar une des *dépendances* de l'île de France. Après de longues et minutieuses négociations, la France obtint le maintien de ses droits sur Madagascar, où la Restauration fit occuper Sainte-Marie et Tintingue, en 1818.

---

(1) Cf. E. Guillon. *Les Colonies françaises.* 1 vol. 1881. Librairie des publications populaires, Paris.

Mais l'influence anglaise avait pénétré dans l'île et n'allait pas tarder d'y devenir prépondérante.

La colonie anglaise de Maurice avait alors pour gouverneur un de ces agents adroits, laborieux et opiniâtres, que le sens des intérêts britanniques affine jusqu'au génie et qui puisent dans leur haine contre la France de surprenantes ressources. Sir Robert Farquhar ayant vu échouer ses combinaisons diplomatiques, s'était rejeté sur un autre système pour établir l'Angleterre à Madagascar. « Il consis-
« tait à regarder l'île de Madagascar comme un pays indé-
« pendant, voulant vivre de la vie des peuples libres. Dans
« ce but, il considérait que l'Angleterre était parfaitement
« autorisée à contracter des alliances avec les différentes
« tribus de l'île, particulièrement avec les Hovas et à leur
« fournir, au besoin, des instructeurs, des officiers, des
« armes, pour résister à leurs ennemis. Il va sans dire que
« ces ennemis c'était nous. » (D'Escamps, p. 76.) Un changement politique survenu dans l'île favorisa ces menées de l'Angleterre.

Nous avons dit qu'on trouve dans Madagascar trois races principales : des Arabes, des Sakalaves et des Hovas. Ces derniers, d'origine malaise, ne sont arrivés que depuis plusieurs siècles. Inconnus au dix-septième et au dix-huitième siècle, ils avaient, dans les premières années du dix-neuvième, soumis le nord, l'est et le sud de l'île. En 1810, l'ambitieux et fourbe Radama I, fils du chef de Tananarive, était devenu leur roi.

Sir Robert Farquhar s'attacha à gagner ses bonnes grâces par deux missions successives qu'il lui envoya en 1816 et en 1817. En 1820, Radama signa un traité en vertu duquel il s'engageait à rester l'allié fidèle des Anglais et à prohiber la vente des esclaves dans ses Etats. En 1825, nouveau traité qui ouvrait aux Anglais tous les ports de Madagascar, moyennant un droit de 5 %, qui les autorisait à résider dans l'île, à y commercer, à y construire, à y cultiver. Ces relations diplomatiques étaient accompagnées de l'envoi de missionnaires qui fondaient des écoles. En 1828, on comptait déjà dans l'île, trente-deux écoles et quatre mille élèves. « Sir Farquhar adjoignit à ses missionnaires, à titre d'auxi-« liaires pratiques, toute une colonie d'ouvriers très habiles « dans les métiers tels que la charpenterie, la tannerie, le « tissage, etc. Il leur envoya aussi des typographes pour « la propagation des Bibles, des grammaires anglaises, des « journaux anglais... Ainsi se développait la politique à « outrance de sir Farquhar, sous ses trois aspects : orga-« nisation militaire des Hovas, propagation religieuse par « les missionnaires ; colonisation industrielle par les « ouvriers anglais. » (D'Escamps, ouvrage cité, p. 147.)

Radama I mourut en 1828. Le parti des vieux Hovas et les prêtres désireux de recouvrer le pouvoir firent proclamer reine sa veuve Ranavalo (1828-1861). Les partisans de Radama furent égorgés ; les traités avec les Anglais furent déchirés, les étrangers chassés. Ce fut un désastre pour l'influence anglaise et européenne.

Pendant ce temps, les Français n'avaient pas seulement été malheureux. Ils étaient maladroits. Le gouvernement de la Restauration, qui avait ramené la France à Sainte-Marie et à Tintingue, était impuissant à la protéger contre les intrigues britanniques. Sous Radama I, il y eut un épisode douloureux sur lequel il serait trop long d'insister (1825). Lorsque Radama mourut, Charles X envoya une expédition commandée par l'amiral Gourbeyre. Celui-ci rebâtit Tintingue et bombarda Tamatave. La reine demandait à négocier quand éclata la révolution de 1830 (1).

. Le gouvernement de Juillet abandonna toute politique offensive, renonça à tout projet d'établissement et rappela les bâtiments et les troupes. Tintingue fut évacué. Heu-

---

(1) Cf. Histoire de l'établissement français de Madagascar pendant la Restauration, par L. Carayon, in-8°, 1846.

reusement, nos droits sur Madagascar furent maintenus.
Ils furent l'objet de conventions formelles signées par
l'amiral de Hell avec les chefs Sakalaves, en 1841. Le gouvernement eut une velléité d'expédition en 1845, de concert
avec les Anglais. Mais la Chambre des députés, tout en
constatant la légitimité de nos droits, se montra hostile aux
entreprises lointaines.

Et cependant l'influence française n'en survivait pas
moins à Madagascar. Les efforts isolés de quelques Français
énergiques déjouaient la mollesse du gouvernement et
l'indifférence du pays. Depuis le XVII\[e\] siècle, partout où la
France a porté son activité, c'est la même histoire. Les
tentatives individuelles ont été mal secondées par le pays.
Elles ont trop souvent échoué faute d'appui. Quand on
répète que *les Français ne sont pas colonisateurs,* nos
gouvernements laissent dire pour tâcher de couvrir leur
imprévoyance ou d'excuser leur abandon.

A Madagascar, comme partout ailleurs, on trouve l'œuvre
de ces enfants perdus de la France, qui sont l'honneur de
leur patrie, qui ne les connaît pas, ou qui les connaît trop
tard. Sous Radama I, un Français M. Legros, construisit les
principaux édifices de Tananarive. Un autre, M. Arnoux,
fonda une sucrerie à Mahéla et fit agréer par Ranavalo, M.
de Lastelle comme son successeur. Celui-ci introduisit à
Madagascar le blé, l'orge, l'avoine, plusieurs arbres fruitiers
de la France, et y séjourna vingt ans. M. Laborde fit plus
encore.

Jean Laborde, né à Auch en 1810, était parti tout jeune
pour un voyage au long cours. De retour des Indes, son
navire fut jeté par l'ouragan sur la côte de Madagascar.
Recueilli avec compassion par le commandant d'un poste
hova, le jeune Français émerveilla les indigènes par son
énergie, son intelligence et sa gaîté. Selon la coutume, la
reine, instruite de l'arrivée d'un étranger, le manda à la
cour.

Avoir vingt ans et être appelé par une reine, fût-elle malgache, l'aventure était charmante. M. Laborde s'y laissa aller. Il gagna toutes les sympathies par une complète droiture de caractère, par un esprit conciliant et avisé, par sa conduite digne et ferme. Les missionnaires anglais avaient donné aux Hovas quelques leçons dans l'art de forger le fer. M. Legros leur avait appris la charpente. M. Laborde enseigna à ses hôtes la taille de la pierre. Il fit construire les premiers édifices en granit, des tombeaux, d'énormes bâtiments pour les usines, des hauts-fourneaux. Un peu à l'est de Tananarive, dans le désert, il créa une ville qui eut, chaque jour, 10,000 ouvriers au travail, et seul il dirigeait tout le monde. S'occupant à la fois de tous les arts industriels de la vieille Europe, il avait recherché avec un soin extrême les produits naturels du pays qui pouvaient être utilisés. Il produisait de la fonte et de l'acier ; il fabriquait des canons, de la poudre, des fusils, des sabres. La fabrication du verre, des briques, des tuiles, de la poterie, du savon, de la chaux, du charbon, de l'alun, de l'acide sulfurique, de la potasse, de l'indigo, tout cela s'exécutait sous cette habile direction. On élevait des vers à soie, on blanchissait la cire, on raffinait le sucre. M. Laborde avait même introduit les paratonnerres, car les orages sont fréquents à Madagascar.

« L'esprit demeure confondu, dit M. Blanchard, en présence de pareils résultats obtenus à l'aide de sauvages convertis par l'exemple et par une volonté inébranlable en habiles ouvriers ». Après vingt-six ans de travaux, M. Laborde fut exilé en 1857, par le crédit d'un ministre jaloux et tout puissant. Quand il revint en 1861, tout était perdu (1).

---

(1) M. Laborde mourut en décembre 1878. L'inventaire de ses biens dans l'île en porta la valeur à la somme de 248,000 piastres, soit un peu plus d'un million (1,088,000 francs).

Une autre Français, établi comme négociant à l'île Maurice, M. Lambert, avait conquis la faveur de Ranavolo, et surtout de son fils et héritier Rakoto, plein de sympathie pour les idées de l'Europe. M. Lambert fut chargé par lui d'une mission auprès du gouvernement français, en 1856. Mais un agent anglais, le missionnaire Ellis, fit redouter à la reine les intrigues de la France. Le voyage de M. Lambert n'ayant pas abouti, les missionnaires anglais s'unirent aux prêtres pour exciter la reine contre les étrangers, et les Français amis de Rakoto, MM. Laborde et Lambert, furent exilés (1857).

Quelques années après, la mort de Ranavalo amena la disgrâce du vieux parti hova (1861). Rakoto, proclamé roi sous le nom de Radama II, rouvrit l'île aux proscrits, et envoya M. Lambert comme ambassadeur en France. Le gouvernement impérial, tout en réservant les droits de la France, commit l'imprudence de reconnaître Radama II, comme *roi de Madagascar* (1862). (Ambassade du capitaine de vaisseau Dupré). En retour, Radama signa un traité qui accordait la juridiction consulaire et la libre circulation aux étrangers, donnait aux Français la faculté d'acheter, de vendre, de prendre à bail et d'exploiter les terres (art. 4). M. Laborde fut nommé consul de France à Tananarive ; M. Lambert, créé duc d'Imerne. A Paris, sur les instances de M. Lambert et sous le patronage du gouvernement, fut constituée une *Compagnie de Madagascar*, au capital de 50 millions avec un gouverneur, M. de Richemont, un résident, M. Lambert, et un conseil d'administration, sans parler d'un Institut composé de savants, d'ingénieurs, de négociants, d'agriculteurs, etc., à l'exemple de l'Institut d'Egypte, et chargé de recueillir tout ce qui pouvait aider à la colonisation de Madagascar. Mais quand la mission arriva à Tamatave, elle apprit qu'une révolution venait d'éclater à Tananarive. Radama II avait succombé sous une conspiration tramée par les missionnaires anglais avec le parti des vieux Hovas (12 mai 1862). Les traités furent déchirés et la Compagnie de Madagascar fut dissoute (1).

La veuve de Radama, sous le nom de *Rasoaherina*, régna jusqu'en 1868. Malgré son intention de continuer les relations de son mari avec la France, elle dut subir la volonté de son premier ministre qui nous était hostile. Elle ne put que promettre une indemnité de 900,000 francs qui ne fut payée qu'à grand peine en 1866, et qui servit à la liquidation de la Compagnie de Madagascar.

Rasoaherina mourut le 1ᵉʳ avril 1868 et fut remplacée par sa cousine Ramona, qui prit le nom de *Ranavalo II*. Elle épousa son premier ministre et tous les deux se convertirent au protestantisme. Alors la mission anglaise de Tanarive se livra à une infatigable propagande. Aux prédicateurs qu'elle déchaîna dans l'île, elle ajouta des médecins, des pharmaciens, des imprimeurs, des photographes, etc. Ainsi fut reprise et couronnée d'un succès définitif la politique inaugurée par sir Robert Farquhar.

Cette fois, encore, la France voyait son influence écartée. Elle avait pu signer un nouveau traité, le 4 août 1868, qui accordait aux Français de pratiquer et d'enseigner leur religion ; leur assurait une complète protection pour leurs personnes et leurs propriétés ; la faculté, comme aux sujets de la nation la plus favorisée, et en se conformant aux lois et aux règlements du pays, de prendre à bail ou acquérir toute espèce de biens, meubles et immeubles, et de se livrer à toutes les opérations industrielles et commerciales qui ne sont pas interdites par la législation intérieure. Mais ce traité ne fut pas respecté, et il devint l'occasion des difficultés récentes.

____

(1) Voir : *Documents sur la Compagnie de Madagascar*, par le baron de Richemont, in-8°, 1868.

III.

M. Laborde, « cet industriel philosophe, ce Franklin pratique, égaré parmi les sauvages », mourut le 27 décembre 1878, laissant d'immenses propriétés qui revenaient à ses neveux, MM. Edouard Laborde et Campan. Contrairement aux droits des héritiers, contrairement aux stipulations du traité de 1868, le gouvernement Hova déclara que *les Français, pas plus M. Laborde qu'aucun autre, n'avaient le droit de posséder des terres à Madagascar.*

La famille de M. Laborde offrit de transiger. Le gouvernement se refusa à tout arrangement. L'énergie de M. Cassas, nommé consul de France et commissaire de la République à Madagascar en 1879 ; celle de M. Meyer, qui le remplaça trop peu de temps, en 1881, ne réussit pas à triompher du mauvais vouloir de Tananarive et à préserver nos nationaux d'indignes vexations, tandis que l'Angleterre envoyait une mission officielle, commandée par l'amiral Gores, qui fut accueillie avec la plus vive cordialité. A la fin de 1881, M. Baudais, ancien lieutenant de vaisseau, et successeur de M. Meyer, demanda l'abrogation des articles de la loi malgache relatifs aux propriétés étrangères, le règlement de la succession Laborde, et la reconnaissance de nos droits sur la côte nord-ouest, dont nos alliés les Sakalaves ont toujours été les maîtres.

Les refus du gouvernement d'Emyrne, les menaces dirigées contre M. Baudais, forcé de se retirer à Tamatave, enfin l'occupation par les Hovas de notre poste de Mazunga, décidèrent la France à agir. Le capitaine de vaisseau Le Timbre, commandant la station navale de Madagascar, reçut l'ordre d'enlever le drapeau Hova qui flottait à Mazunga, mais sans brûler une amorce. Le commandant se rendit dans la baie de Bombetok, descendit à terre, en veste de coutil, la canne à la main, marcha droit au pavillon Hova, le fit abattre et détruire (17 juin 1882).

L'irritation fut vive à Tananarive. Le gouvernement fit des préparatifs militaires. Un journal local, dont les sources d'inspiration étaient connues, le *Madagascar Times*, publia contre la France des articles injurieux. Pourtant, la cour d'Emyrne se calma, et, pour gagner du temps, envoya une ambassade à Paris et à Londres (août 1882). A Paris, l'insuccès fut complet. L'Angleterre ayant offert à la France *ses bons offices*, M. Duclerc, ministre des affaires étrangères, déclina cette touchante médiation.

Les diplomates malgaches reçurent à Londres un accueil très hospitalier, mais rien de plus. Ils achevèrent leur promenade en allant à Berlin, puis aux Etats-Unis. La comédie était finie. La tragédie allait commencer.

En effet, l'échec de l'ambassade excita une telle effervescence à Tananarive et la sécurité de nos nationaux parut tellement menacée, que le gouvernement français décida de remplacer notre station navale à Madagascar par une division confiée au contre-amiral Pierre. Le 15 février 1883, l'amiral Pierre partit de Toulon pour Zanzibar sur la frégate la *Flore*. A Zanzibar, il reçut l'ordre de détruire sur la côte occidentale de Madagascar tous les postes que les Hovas y avaient établis, contrairement aux traités, puis de revenir sur la côte orientale, à Tamatave. Il s'acquitta de sa mission avec une intelligence et une énergie remarquables.

Dans les premiers jours de mai, il se présenta sur la côte nord-ouest avec sa division navale formée de la *Flore* portant son pavillon, et des autres bâtiments, le *Vaudreuil*, le *Beautemps-Beaupré*, le *Boursaint* et la *Pique*, et commença ses opérations. Le 8 mai, furent brûlés les postes d'Amboudimadirou et d'Ampassimbitiky, tous les deux dans le voisinage de Nossi-Bé. Le 9, la *Flore* bombarda Ambalika et Mourounsang. Le 10, bombardement et destruction de quatre nouveaux postes. Il n'y avait eu partout que des simulacres de résistance. Il ne restait à agir que sur Mazunga, le point le plus important de la côte occidentale.

Mazunga est dans la vaste et excellente baie de Bombetok, où débouche la rivière par laquelle on remonte à Tananarive. La ville, placée au nord de la baie, possède environ soixante maisons ou cases, bâties sur une colline de médiocre hauteur. Le 16 mai, l'escadre réduisit les forts qui défendaient l'entrée de la baie, et qui étaient au nombre de trois, armés de 30 canons et pourvus de 2,000 hommes de garnison. Notre artillerie délogea les Hovas qui battirent en retraite sur la capitale, et qui furent immédiatement remplacés par une garnison française, sous les ordres du capitaine de frégate Gaillard, commandant du *Vaudreuil*.

L'amiral célébra ce brillant fait d'armes dans l'ordre du jour suivant :

« *Flore*, Mazunga, 22 mai 1883.

« Officiers et marins,

« Par la supériorité de vos armes, vous avez en huit jours chassé les Hovas de leurs garnisons et détruit toutes leurs possessions sur la côte nord-ouest de Madagascar. Vous leur avez enlevé le fort et la place de Mazunga où flotte désormais le pavillon de l'occupation française.

« Je félicite avec plaisir les canonniers de leur adresse, le corps de débarquement de sa fermeté, tout le monde du zèle et de la constance déployés dans les travaux et les fatigues des opérations accessoires.

« Vous ferez de même à la côte Est, si l'obstination du gouvernement hova persiste à nous refuser la juste satisfaction qu'il nous doit.

« Si l'on osait plus longtemps se jouer des traités et méconnaître les droits de la France, vous saurez les faire respecter par la force.

« Officiers, marins et soldats du corps d'occupation,

« La division navale a planté le drapeau de la France à Mazunga, j'en confie la garde à votre valeur et à votre discipline.

« A votre discipline surtout, qui constitue la supériorité de l'Européen et par laquelle 60 soldats français, s'ils savent obéir, peuvent attendre de pied ferme quelques masses de Hovas que ce soient dans la position où vous êtes retranchés, et les exterminer, si elles osaient approcher de nos murailles.

« Le commandant Gaillard à votre tête double votre force.

« Le présent ordre du jour sera lu aux équipages et affiché à bord de chaque navire ainsi qu'au fort.

« Le contre-amiral commandant en chef,

« PIERRE. »

On saisit à Mazunga le trésor de la ville, les archives, la correspondance d'Etat, pleine de renseignements édifiants sur les menées de la cour d'Imerne, enfin l'amiral s'empara de la douane, les droits perçus par les Hovas devant être versés désormais dans les mains françaises. Tout étant réglé sur la côte ouest, l'amiral appareilla le 23, doubla le nord de l'île, et le 31 mouilla devant Tamatave.

Tamatave ne ressemble pas aux autres villes de l'île. La partie européenne est étendue et de belle apparence. Les quartiers hovas sont également assez vastes. Il se fait à Tamatave un important commerce de bestiaux destinés à la Réunion et à Maurice. Par contre, on y importe beaucoup de riz, pour la nourriture des indigènes. Les Européens qui résident à Tamatave sont, pour la plupart, des Français, sinon de naissance, tout au moins d'origine et de langage, créoles de la Réunion et de Maurice.

Suivant ses instructions, l'amiral Pierre envoya à la reine un ultimatum qui impliquait : 1° la reconnaissance des traités de 1841, consacrant le protectorat français sur la côte nord-ouest ; 2° le paiement d'une indemnité d'un million et demi ; 3° la fixation équitable du régime de la propriété pour nos nationaux. Le délai fixé pour l'acceptation de ces conditions s'étant écoulé, l'amiral bombarda Tamatave, le 10 juin, avec la même précision et le même succès que Mazunga. Il en exprima sa satisfaction aux troupes dans un deuxième ordre du jour :

« Flore, Tamatave, le 14 juin.

  « Officiers, équipages et soldats,

  « Un arrogant ennemi avait osé défier nos armes en refusant à la France les plus légitimes satisfactions.

  « Dans l'espace d'un mois, vous avez pris et détruit tous les établissements hovas sur le littoral des deux côtés de Madagascar.

  « Vous occupez Tamatave et Mazunga, sources principales de la prospérité commerciale et financière de l'ennemi, et vous vous y maintiendrez contre toute attaque.

  « Ces résultats sont dûs à l'activité de la division navale. Je l'en félicite.

  « Il reste à chasser l'ennemi de quelques retraites où il s'est retranché à l'intérieur des terres. Vous saurez l'y atteindre.

  « La Creuse, qui n'est restée avec nous que quelques jours, nous laissera le souvenir de sa promptitude à surmonter toutes les difficultés pour nous faire part de toutes ses ressources. Elle a dignement occupé sa place au feu, témoignant ainsi que c'est à la manière de servir qu'on reconnaît le véritable bâtiment de guerre et non pas à la coque.

  « De nombreux militaires, passagers sur ce transport, et ayant accompli leur temps de service colonial, se sont proposés pour renforcer les garnisons de l'occupation, en renonçant à leur retour en France.

« Honneur aux braves soldats qui font volontairement ce sacrifice au drapeau de la patrie.

« La *Nièvre* a rivalisé d'ardeur avec la division navale.

« Officiers, équipages et soldats, au nom de la France dont vous soutenez les droits, je vous remercie tous.

« *Le contre-amiral commandant en chef,*

« Pierre. »

Comme il avait fait à Mazunga, l'amiral confisqua les douanes de Tamatave.

Dans l'intervalle de ces deux opérations, il s'était passé dans l'intérieur de l'île un émouvant épisode. La nouvelle de la prise de Mazunga était parvenue à Tananarive, le 24 mai. Dès le lendemain, un Anglais, le missionnaire méthodiste Parrett, courut chez le premier ministre qui convoqua un kabar ou Conseil, où furent agités les projets les plus menaçants pour les Français de Tananarive. On se borna toutefois à décréter contre eux un arrêt d'expulsion qui leur fut signifié le soir même. Alors eut lieu l'exode de notre petite colonie. Commerçants et missionnaires, au nombre d'environ 92 personnes, tous durent faire le voyage de Tananarive jusqu'à la mer, en toute hâte, sans porteurs, harcelés à chaque pas par les Hovas qui multipliaient les insultes et les menaces. La colonne exténuée arriva à Tamatave après le bombardement, pour se jeter dans les bras protecteurs de nos marins et de nos soldats.

L'échec des Hovas en était un pour l'Angleterre dont on démêlait l'influence dans toutes ces affaires (1). Elle le ressentit vivement et ne s'en cacha pas assez. Un instant, l'opinion publique anglaise fut surexcitée contre l'amiral Pierre, qu'on accusait d'avoir manqué au droit des gens dans ses rapports avec plusieurs anglais de Tamatave. M.

---

(1) Voir : *La France et l'Angleterre à Madagascar*, par Hue, 1 vol., Ollendorf, 1885.

Gladstone alla jusqu'à prononcer dans la Chambre des Communes des paroles blessantes pour la France. L'amiral Pierre, pour faire respecter le blocus de Tamatave, avait eu des difficultés avec le commandant du navire de guerre anglais la *Dryad*. En outre, il avait fait enlever un missionnaire anglais, M. Shaw, que ses relations continuelles avec les Hovas avaient rendu justement suspect. L'affaire de la *Dryad* s'arrangea. Mais l'incident Shaw menaça de faire surgir un conflit analogue à l'affaire Pritchard, lors de l'établissement du protectorat français sur Taïti, en 1842. Shaw finit par être renvoyé sans procès. Il lui fut payé une indemnité de 25,000 fr., prise sur les fonds secrets du budget des affaires étrangères.

Le blocus de Tamatave fut maintenu. Mais, l'amiral Pierre, malade depuis longtemps fut contraint de laisser son commandement pour revenir en France. Il mourut en mer, à quelques heures de Marseille. Comme l'amiral Courbet, le contre-amiral Pierre était un des plus brillants représentants de cette armée navale où la discipline est une loi, l'héroïsme une tradition, et où se garde, avec fierté, le sentiment de l'honneur et de la patrie.

Le contre-amiral Galiber, qui prit le commandement de l'escadre, poursuivit les opérations commencées et occupa de nouveaux points sur la côte, Vohemar, Foulpointe, Fort-Dauphin, mais sans pénétrer dans l'intérieur. Des négociations avaient été tour à tour ouvertes et rompues par les Malgaches, qui ne voulaient point accepter l'ultimatum de 'année précédente. Les Français de la Réunion et de Maurice témoignaient une vive impatience de voir l'affaire poussée plus avant. Une pétition exprimant le dessein de beaucoup de ces colons de s'établir à Madagascar, dès que les intérêts de la France y auraient obtenu une satisfaction pour le passé et une garantie pour l'avenir, fut remise à M. Jules Ferry, alors ministre des affaires étrangères, par M. de Mahy, député de la Réunion.

En France même, cette impatience était partagée. Dans la Chambre des députés, M. de Lanessan interpella le gouvernement pour obtenir des explications sur ses projets relatifs à Madagascar. (Séance du 24 mars 1884). Tous les orateurs qui prirent part au débat, MM. de Lanessan, de Mun, Pierre Alype s'accordèrent pour proclamer et faire défendre les droits de la France sur Madagascar. Dans la séance du 27 mars, M. Dureau de Vaulcomte, député de la Réunion, s'associa à ces réclamations légitimes. La politique coloniale jouissait alors d'une singulière faveur.

Toutefois, le gouvernement paraissait moins ardent qu'on ne le souhaitait. M. Jules Ferry, qu'on représentait naguère comme avide d'aventures, s'étonnait, dans cette circonstance, d'être accusé de tiédeur. Il montra que les traités de 1862 et de 1868 avaient quelque peu compliqué la question de nos rapports avec les Hovas, sans avoir cependant porté atteinte à nos droits historiques. Nous croyons fermement, disait-il, pouvoir tout résoudre par la négociation et nous ne sommes pas de ceux qui, sous prétexte que la France a des droits sur toute la surface du globe, posent toutes les questions à la fois, sans savoir exactement où ils s'engagent. Mais à Madagascar, ajoutait-il, si la négociation ne réussit pas « il serait de notre devoir de n'écarter, pour réduire à la « raison le peuple hova, l'emploi d'aucun moyen... Il ne « faut pas que ce peuple, d'une obstination particulière, « puisse croire qu'il pourra indéfiniment, dans son nid « d'aigles de Tananarive, braver la volonté et les armes de « la France. Il n'y a qu'une solution que nous écartons; « c'est la politique du passé, la politique des velléités et des « abandons. Nous n'évacuerons point, comme ont eu la « douleur de le faire les gouvernements qui nous ont pré- « cédé, les points que nous occupons ; nous repoussons la « solution du désistement. » Un ordre du jour présenté par M. Boissy d'Anglas, et déclarant « la Chambre résolue à maintenir tous les droits de la France sur Madagascar » fut adopté par 450 voix contre 32.

Le pays semblait pris d'un goût très vif pour la politique coloniale. C'était le moment, d'ailleurs, où l'expédition du Tonkin était marquée par des succès. Le général Millot venait de s'emparer de Bac-Ninh dont la chute complétait les brillantes opérations de l'amiral Courbet devant Son-Tay. Le Delta était soumis. Il ne restait qu'à fermer aux ennemis le passage qui leur permettait de déboucher dans la vallée du fleuve Rouge, lorsque fut signé le traité de Tien-Tsin (11 mai 1884).

On n'en prévoyait pas alors la courte durée. Mais le gouvernement persévérait dans sa réserve à l'endroit de Madagascar. De nouveaux crédits s'élevant à la somme de 8,361,000 fr. avaient été demandés. Ils vinrent en discussion dans la séance du 21 juillet, et furent attaqués par M. Georges Perin. M. Jules Ferry refusa d'aller aussi loin que le voulait le rapporteur, M. de Lanessan, secondé par M. Freppel. « Le gouvernement, dit-il, saura concilier dans l'affaire de Madagascar, une politique résolue avec la prudence qui s'impose dans les circonstances actuelles. » La guerre venait de recommencer avec la Chine. Le ministre déclara qu'on occuperait seulement quelques points au nord de Mazunga et de Tamatave, de manière à rendre le blocus plus efficace. Les crédits furent votés par 372 voix contre 83. Ils le furent, le mois suivant, au Sénat, où M. Milhet-Fontarabie, comme M. de Lanessan, se montra partisan d'une action plus énergique et plus complète.

L'amiral Miot, qui avait remplacé l'amiral Galiber s'en tint aux ordres qu'il avait reçus et se borna à l'occupation de Vohémar, dans les premiers jours de décembre. Mais le blocus n'empêchait pas la contrebande de guerre de pénétrer dans l'île, et les Hovas s'affermissaient dans leur résistance.

L'année 1885 qui vit la fin de la guerre du Tonkin, ne devait voir que dans ses derniers jours celle des affaires de Madagascar. Dans cette année, si fertile en débats et en surprises parlementaires, Madagascar suscita quatre jours d'une discussion longue et passionnée qui, sans avancer la solution, initiait davantage le pays à ces questions lointaines. Rien ne montre mieux la place prise par la politique coloniale dans les soucis de l'heure actuelle que l'ampleur de ces séances dont l'île africaine fournit l'occasion.

Des événements graves s'étaient accomplis dans le Parlement. Le ministère Ferry, brusquement renversé après deux ans de stabilité, avait cédé la place au ministère Brisson. Mais, dans ce domaine colonial, le ministère nouveau s'était déclaré résolûment le continuateur du cabinet précédent. Indépendamment d'un imposant crédit pour le Tonkin, qui lui fut aussitôt accordé, il avait demandé 12,190,000 fr. pour Madagascar. La discussion vint à l'ordre du jour du 25 juillet.

M. Georges Perin, comme il avait fait l'année dernière, combattit les crédits. Il contesta les droits séculaires de la France sur Madagascar. Il prétendit qu'au lieu d'y soutenir des droits, il était plus sage d'y défendre des intérêts. Or, ces intérêts n'existent pas. Mieux valait, par conséquent, réserver l'argent et le sang de la France, au lieu de les prodiguer dans une entreprise stérile. Il termina en disant :

« Oh ! je sais que c'est là une politique qui n'est pas
« brillante et qui n'ajoutera pas une page nouvelle au livre
« des *Victoires et Conquêtes*. Mais je sais aussi que c'est la
« politique qui convient aujourd'hui à notre pays, parce
« qu'aujourd'hui — c'est le mot par lequel je veux terminer
« — s'il y a des champs de bataille sur lesquels la France
« doit paraître à un moment donné, ces champs de bataille
« ne sont ni au sud de l'Asie en Indo-Chine, ni au sud de
« l'Afrique à Madagascar. Je ferais injure au patriotisme de
« la Chambre en disant où sont ces champs de bataille. »
(Applaudissements à l'extrême gauche.)

Une assertion de M. Perin au sujet du contingent fourni au corps expéditionnaire de Madagascar par les volontaires de Réunion, amena M. de Mahy à la tribune. Le député de la Réunion y prononça un long et remarquable discours qui fut couvert des plus vifs applaudissements.

L'orateur commença par refaire, avec sa compétence toute spéciale, l'histoire de nos tentatives sur Madagascar, et montra comment des colons échappés de Madagascar, après l'insuccès de ces tentatives, avaient contribué au développement des îles de France et de Bourbon. Il insista sur le rôle de la Réunion, sur le patriotisme de l'île, sur les services qu'elle rendit à la métropole, et prouva que l'abandon de Madagascar jetterait le découragement dans la France d'outre-mer et porterait atteinte à notre empire colonial. Le moment était-il bien choisi, alors qu'une activité nouvelle se faisait sentir dans l'expansion de la France ? Ici, laissons parler l'orateur, d'après l'*Officiel*.

« *M. de Mahy*. — Les idées coloniales se sont relevées, témoin ce qui se passe aujourd'hui ; témoin ce profond mouvement venu du pays, quoi qu'on en dise, et qui a poussé les pouvoirs publics à la restauration de notre empire colonial ; témoin le soin que vous donnez à ces affaires coloniales, le temps considérable que vous leur avez consacré dans vos travaux, contrairement à ce qui se faisait autrefois ; témoin la curiosité, le goût du public pour ces questions ; témoin la formation de ces nombreuses sociétés de géographie et de colonisation répandues sur toute la France et auxquelles tant de personnes sont affiliées ; — témoin l'éclosion de cette masse de publications sur les choses coloniales : livres, cartes, mémoires, brochures, articles de journaux et de revues, conférences, ouvrages de toutes sortes avidement accueillis par le public ; témoin le nombre sans cesse croissant de nos explorateurs : les Ballay, les Paul Soleillet, les Bayol, les Révoil, les Rivoyre, les Noirot, les Marche, les Compiègne, les Coudreau, les Brau de Saint-Pol-Lias, les Dutreuil de Rhins, les Savorgnan de Brazza, pour ne citer que ceux dont les noms se présentent en ce moment à ma pensée ; — témoin l'intérêt affectueux que l'on témoigne de toutes parts à ces vaillants Français ; témoin les pieuses manifestations qui honorent la mémoire de ceux qui sont morts à la peine, victimes de leur dévouement à la patrie : les Flatters, les Crevaux ; témoin l'admiration enthousiaste pour l'amiral Pierre et pour l'amiral Courbet, devenus légendaires ; témoin le nombre croissant des jeunes gens de nos écoles militaires qui demandent à servir dans les troupes de la marine et des colonies ; témoin ce phénomène, ce symptôme si caractéristique et si digne de fixer l'attention de nos hommes d'Etat, d'une foule de braves gens s'enrôlant, à la suite d'un marquis de Rays, dans son étrange aventure, tandis que plusieurs de nos départements se dépeuplent et voient bon nombre de leurs habitants s'éteindre sur place ou, chassés par la misère et les difficultés croissantes de la vie, s'en aller se perdre on ne sait où, sans laisser de traces ; témoin les nombreuses demandes de passages qui sont en ce moment en souffrance, — j'appelle sur ce point la bienveillante attention de l'honorable ministre de la marine et des colonies ; j'espère qu'il pourra, à l'avenir, leur donner satisfaction ; — témoin les demandes de passages restées en souffrance, de telle sorte que des sociétés privées se sont formées pour y subvenir. L'une de ces sociétés, à la tête de laquelle s'était mis un des esprits les plus éminemment français de ce temps, notre regretté Edmond About, la Société française de colonisation, à peine constituée, a reçu plus de 1,500 demandes, la plupart de paysans bretons ayant un pécule, qui demandent à s'en aller avec leur famille relever à Madagascar notre ancien établissement du Fort-Dauphin.

« *M. Ménard-Dorian.* — Pourquoi ne colonisent-ils pas la Bretagne ! (Bruit.)

« *M. de Mahy.* — Je regrette infiniment de n'avoir pas entendu votre interruption. (Continuez ! continuez !)

« D'ores et déjà un grand nombre de Français quittent chaque année la France et se dispersent dans le monde entier ; la plupart périssent misérablement ; parmi les 5 à 6,000 qui font la déclaration officielle de leur exode, une partie s'en vont dans l'Amérique du Sud, à La Plata, le reste se mêle à la masse inconnue des populations du globe, et disparaît comme une goutte dans l'Océan, en pure perte, sans profit pour la nation. Que de forces vives ainsi gaspillées, qu'il est d'un intérêt suprême, d'un intérêt urgent pour la France de recueillir, précieusement, sans tarder davantage.

« Un instinct profond les porte à se coordonner, l'instinct de la conservation, qui n'anime pas seulement les individus, mais qui pénètre aussi les sociétés, qui se manifeste à de certains moments décisifs par des indices que l'homme d'Etat doit savoir saisir et utiliser. (Très bien ! très bien ! sur divers bancs.)

« C'est vers Madagascar que toutes ces forces, jusqu'à présent perdues, tendent à converger ; c'est là que se rendront cette foule de gens, nos compatriotes, que la lutte pour la vie élimine, étouffe ou déclasse, et pousse au crime sur le sol natal trop encombré. C'est à Madagascar qu'une partie des capitaux que les Français jettent dans des spéculations ruineuses iront fructifier, quand on saura que dans ce grand pays qui est à nous, et où tant d'espace reste à occuper par nos nationaux, nos gouvernants sont enfin résolus à ne plus se départir des faciles devoirs d'une politique ferme et nette. (Nouvelle approbation sur les mêmes bancs.)

« Messieurs, j'ai honte d'occuper si longtemps la tribune, je ne vous demande plus qu'un instant d'attention en vous remerciant de celle que vous m'avez si généreusement accordée. (Parlez ! parlez ! sur un grand nombre de bancs à gauche et au centre.)

« *M. Ballue, et plusieurs de ses collègues.*—C'est nous qui vous remercions.

« *M. Hurard.* — Vous faites un très bon discours.

« *M. de Mahy.*— Sur toute la surface du globe, Madagascar est la seule terre disponible où la France puisse se développer et faire de la vraie colonisation. Madagascar, c'est cent fois les iles de France, de Bourbon, et la fortune a voulu que ce domaine de si rare valeur soit notre propriété. Pour la grandeur et la beauté, elle est semblable à la France même. C'est une France nouvelle, la France orientale, restée jusqu'en plein dix-neuvième siècle à peu près inhabitée, à peu près inexploitée, et toute prête à recevoir le trop-plein de notre vieille France, à l'étroit aujourd'hui dans ses limites continentales...

« *M. Georges Perin.* — Et inhabitable sur toute la côte à cause des fièvres.

« *M. de Mahy.*—Vous exagérez. Au surplus, je vous répondrai tout à l'heure.

« *M. Georges Perin.* — Lisez le rapport de l'amiral Miot sur l'état sanitaire de Madagascar !

« *M. de Mahy.* — Lisez tous les rapports de l'amiral Miot et de tout le monde ; lisez surtout les auteurs anglais et vous verrez que vous exagérez. Les témoignages abondent.

« *M. Georges Perin.* — Je ne me trompe pas !

« *M. de Mahy.* — Ce que Madagascar vous offre n'existe nulle autre part au monde. Vous le chercheriez vainement autre part ; partout ailleurs vous vous heurtez ou vous pouvez vous heurter à des compétitions dangereuses, à des voisinages peu commodes, ou bien vous avez affaire à des populations d'une densité excessive, murées dans leur vieille civilisation, peu assimilables, presque impénétrables à notre sang, à nos mœurs, à nos idées, et entasssées sur un sol étroit, dont la moindre parcelle a son occupant, son propriétaire individuel.

« A Madagascar nous sommes seuls : nous avons pour frontière l'Océan ; le rivage offre à notre marine des pêcheries, des abris, des rades, des ports, les plus magnifiques du globe, et dans des conditions analogues à celles qui donnent aux arsenaux de l'Anglétererre une si grande supériorité sur les nôtres ; la houille, le fer, le cuivre, le bois, l'eau profonde, les matériaux de construction, la facilité des approvisionnements de toutes sortes, tout est réuni sur place, à pied d'œuvre, et disposé pour le mieux.

« Là, vous avez une [situation stratégique incomparable, nécessaire à la France pour la sauvegarde de ses possessions, de son commerce, de sa marine marchande et militaire, de ses intérêts, de son prestige dans l'Extrême-Orient et dans l'hémisphère austral.

« Là, vous avez une situation qui commande et domine toutes les îles et la navigation de cette partie de l'Océan indien.

« Là, quoi qu'en dise mon honorable ami M. Perin, vous avez un sol plantureux, propre à toutes les cultures, rempli de troupeaux de bétail en quantités immenses, véritable Normandie tropicale, comme l'a dit un éminent officier de notre marine, M. l'amiral Fleuriot de Langle qui a visité et exploré le pays. (Mouvements divers.)

« Là, vous avez, dans la plus grande partie du pays, un climat excellent, où les Européens peuvent vivre et travailler comme en Europe, et dans certaines régions seulement des endroits insalubres faciles à assainir, où bon nombre d'Européens sont au surplus déjà établis avec leurs familles et font un commerce fructueux. Là, nous avons l'espace, et aucun voisin pour nous inquiéter et nous gêner. Le pays n'a que 3 millions d'habitants divisés en trois tribus distinctes, dispersés sur un territoire aussi beau et aussi grand que la France et dont la majeure partie est absolument vide d'habitants.

« Une seule de ces tribus nous est hostile ou pour mieux dire le gouvernement d'une seule tribu, gouvernement détesté dans l'île, même dans sa propre peuplade, qui ne demande qu'à en être délivrée. Toutes les autres tribus se réclament de notre souveraineté par des traités nombreux, formant une série non interrompue, où le droit antérieur et supérieur de la France est chaque fois reconnu, proclamé et invoqué par les naturels eux-mêmes. Là, nous pouvons nous étendre et diriger un salutaire courant d'immigration française, sans risquer de léser les droits individuels ni les intérêts des indigènes.

« Encore un coup, l'espace ne manque pas. Là, vous pouvez vous établir sans exciter la jalousie des hommes du pays, car, circonstance d'un intérêt primordial quand il s'agit de colonisation, la proportion des femmes dépasse de beaucoup celle des hommes, et l'union avec un Français est recherchée dans les familles indigènes comme un grand honneur. (Sourires.)

« Là, vous êtes attendus par des populations amies où de nombreux Français ont déjà fait souche et ont donné naissance à des générations métisses très fécondes, très intéressantes, parlant français et qui sont vôtres.

« Vous ne pouvez pas les abandonner, elles, et les tribus que vous avez compromises, vous ne pouvez pas livrer tout ce monde aux vengeances de l'oligarchie usurpatrice dont les attentats n'ont été que trop favorisés par nos faiblesses passées.

« Il ne s'agit pas, au surplus, d'exterminer la peuplade hova dont le gouvernement actuel nous est hostile ; il s'agit simplement de la faire rentrer dans le rang, en la délivrant elle-même de la tyrannie qui la tient sous le joug et qui se sert d'elle comme d'un instrument de révolte contre nous, de destruction contre les autres tribus de l'île.

« Elle et les autres bénéficieront de notre présence, de notre industrie, de nos capitaux, de nos lois, de la douceur qui accompagne partout la souveraineté de la France, car faut-il le répéter encore, il ne s'agit pas de détruire ou d'opprimer telle ou telle tribu de l'île.

« Le sympathique et généreux génie de la France ne s'accommode pas de ces proscriptions. Le Français ne fait pas périr les races à côté desquelles il s'implante ; il les adopte et s'y allie, les épouse, se les assimile, les élève à la civilisation par les liens du sang, par la propagande, par la salutaire contagion des idées et des mœurs, par le bienfait de nos lois tutélaires. C'est ainsi que notre troisième République réalisera la pensée traditionnelle de Richelieu et de Colbert, de la Révolution, du premier consul, de la Restauration, la France orientale. Quelle grandeur elle aura dans l'avenir ! Telle qu'elle est à ses débuts, elle fait avec le monde civilisé un commerce annuel d'une quarantaine de millions, dont les trois quarts sont dans des mains françaises, commerce rudimentaire à ce chiffre de 40 millions, mais destiné à recevoir le développement que comporte un territoire grand comme la France, plus riche. Madagascar, — ce point de vue-ci n'est pas de moi, je l'ai trouvé dans un ouvrage fort remarquable qui vient de paraître sans nom d'auteur et que l'on attribue à un homme des plus compétents, — Madagascar, fait-il remarquer, placé sur la route obligée du commerce qui s'ouvre entre l'Australie, l'Europe et l'Afrique orientale, deviendra l'entrepôt nécessaire de ce commerce, remplissant ainsi, en face de la vaste étendue du continent africain, depuis le cap de Bonne-Espérance jusqu'au delà de l'Equateur, le rôle de Hong-kong vis-à-vis de la côte asiatique ; avec cette différence que l'îlot anglochinois de Hong-kong ne produisait rien par lui-même, tandis que Madagascar joindra aux transactions dont il sera l'élément ordinaire les ressources intrinsèques d'un pays riche.

« Là, dans cette possession que l'on vous conseille d'abandonner et qui tombera aux mains de nos rivaux si vous l'abandonnez, là est la compensation des sacrifices nécessités par d'autres entreprises, moins bonnes peut-être, mais qui ont été rendues inévitables par la faiblesse et l'in-

souciance de notre diplomatie, insouciance que l'on s'était
accoutumée à prendre pour de la sagesse, dans l'état d'esprit engendré chez nous par une longue désuétude de la vie
publique, préparant les désastres où le gouvernement impérial a sombré, et les discordes civiles qui ont ensanglanté
l'avènement de notre troisième République. Là est la réparation de nos forces. Là est le relèvement de notre marine
marchande et militaire. Là, vous avez, en outre des conditions stratégiques et topographiques, l'expérience déjà faite,
et qui se poursuit avec succès, d'un recrutement facile,
abondant, de matelots, d'hommes de peine de toute sûreté,
auxiliaires excellents des équipages de vos flottes dans les
mers chaudes du globe. Là, vous avez dès maintenant,
pour vos diverses industries, de sûrs débouchés et de sûrs
retours de matières premières. Là, vous aurez, aussitôt que
vous le voudrez, ne fût-ce que dans la perception des droits
de douane, des sommes plus que suffisantes pour couvrir
tous les frais, toutes les dépenses de l'occupation et de la
colonisation. Que de sources de prospérité ! que d'éléments
pour la solution de la crise sociale qui sévit sur notre
pays !

« Tout cela n'a tenu qu'à un fil, à un moment donné.
Tout cela, passez-moi l'expression un peu rude, la seule
qui dépeigne bien la situation que l'on avait su nous faire à
Madagascar, tout cela a failli nous être soufflé pendant une
sorte de somnolence de notre politique extérieure... (Inter-
ruptions à gauche.)

« *M. Camille Pelletan.* — Une somnolence de deux cents
ans.

« *M. de Mahy.* — ... d'où nous ont enfin tirés les avertisse-
ments pressants de notre consul M. Baudais, la hardiesse,
l'habileté, le retentissant éclat du commandant Le Timbre,
les exploits et la mort de l'amiral Pierre, héros et martyr de
cette cause française. Plusieurs de nos ministres des
affaires étrangères, M. de Freycinet, l'un des premiers,

MM. Duclerc et Gambetta ont revendiqué hautement les droits de la France.

« Vous, messieurs, vous avez tout sauvé par votre vote du 27 mars 1884, l'un des plus beaux, l'un des plus mémorables de l'histoire parlementaire de ce pays, et j'ose le dire de tous les pays, car les rivalités, les dissensions, les haines des partis ayant désarmé spontanément sur ce terrain, dans une véritable trève en patriotisme, vous n'avez cédé, — en examinant à fond cette affaire tant de fois débattue ici et au dehors, — vous n'avez cédé à aucun entraînement, mais à une appréciation raisonnée, et dans la claire vision de l'honneur, de la dignité, des intérêts du pays ; vous ne vous êtes inspirés que des meilleurs, des plus hautes suggestions de la sagesse politique. L'âme de la patrie a plané sur vos délibérations.

« Si le Parlement, obéissant aujourd'hui à des conseils auxquels nos rivaux applaudissent et que, donnant l'exemple d'une versatilité sur laquelle on ose compter ouvertement pour l'exploiter ensuite contre vous, vous vous laissiez conduire par les agitations et les incohérences de votre politique intestine, à abandonner Madagascar, après votre vote réfléchi du 27 mars, après la proclamation solennelle que vous avez faite de votre volonté et de vos droits , après la consécration dernière que ces droits ont reçue du succès de vos armes et les sacrifices d'hommes et d'argent que vous avez faits, pour les soutenir, ce sera une de ces fautes inconcevables, éternel sujet de désespoir et de honte pour ceux qui les ont commises, d'étonnement pour ceux-là même qui ont osé les souhaiter ; ce sera une perte sèche pour la France, un préjudice irréparable pour la République, un coup funeste à votre bon renom.

« Mais ce sera un bonheur inouï pour nos rivaux, qui s'empresseront de recueillir le fruit même, l'héritage opime ensemencé de notre sang ! (Applaudissements prolongés. — (L'orateur en descendant de la tribune est vivement félicité par un grand nombre de ses collègues.) »

La discussion fut reprise le lendemain 27 et marquée par un discours de M. de Freycinet, ministre des affaires étrangères, qui établit nettement la question. Car il montra qu'il ne s'agissait pas de faire la conquête de Madagascar, mais seulement de maintenir nos droits sur l'île et de protéger nos nationaux. Ce discours est à reproduire dans son entier. Le voici, d'après l'*Officiel*, comme le précédent.

« *M. de Freycinet, ministre des affaires étrangères.* — Messieurs, avant que la discussion s'ouvre de nouveau, le Gouvernement croit utile de vous faire connaître quelle est la pensée qu'il attache à la demande de crédits qui vous est soumise, car, à son avis, le débat a sensiblement dévié dans la séance de samedi, et il paraît désirable qu'il se fixe avec plus de précision dans la séance d'aujourd'hui.

« Dans les réflexions qui ont été apportées à cette tribune, on a confondu, à mon sens, deux questions fort distinctes, et que je vous demande la permission de séparer nettement.

« Ces deux questions sont : l'une, celle de la conquête de Madagascar ; et l'autre, celle du maintien de nos droits et du respect à assurer à tous nos nationaux.

« C'est la première question, celle de la conquête de Madagascar, qui a pris le plus de place dans le débat de samedi et qui a donné lieu aux plus nombreux, aux plus brillants développements. C'est à elle que nous devons les éloquents appels de M. de Mahy, les spirituelles railleries de M. Pelletan, les sévères déductions de M. Perin. Cependant ce n'est pas la question qui est posée par la demande de crédits ; ce n'est pas celle sur laquelle le Gouvernement vous demande de vous prononcer. Cette question, dis-je, n'est pas posée, et j'ajoute qu'elle ne peut pas l'être utilement à l'heure actuelle. (Assentiment.)

« Vous le savez, messieurs, le moment où nous sommes n'est pas celui où un grand effort pourrait être tenté sur Madagascar.

« Nous touchons à la fin de la saison qui comporte ce genre d'opérations. Si donc vous abordiez aujourd'hui un pareil débat, si vous entrepreniez de résoudre cette grave question de savoir si, oui ou non, la France décidera de s'emparer de Madagascar, ou bien vous résoudriez cette question affirmativement, — et alors, je vous le demande à vous-mêmes, y a-t-il profit, y a-t-il utilité pour vous à engager vos successeurs par une résolution dont vous-mêmes ne pourriez pas voir le commencement de mise à exécution ? ou bien vous la résoudriez dans un sens négatif, et alors vous fortifieriez à l'avance les Hovas qui, délivrés de cette crainte salutaire, se croiraient désormais plus libres pour vous braver et augmenter leur résistance. (Nouvelles marques d'assentiment.)

« De sorte, messieurs, qu'à quelque point de vue que vous vous placiez, tenant compte du moment où nous sommes arrivés, c'est une question que vous ne pouvez pas aborder utilement aujourd'hui, je dirai plus, que vous ne pouvez résoudre que d'une manière nuisible et dangereuse.

« Ce n'est guère que dans quelques mois qu'un pareil sujet pourra être traité avec fruit et d'une façon pratique. Vous le savez, c'est vers le mois d'avril qu'une action de cette importance peut être engagée ; ce n'est que vers le mois de janvier ou février que la discussion pourra être ouverte dans le Parlement.

« La seule question qui soit réellement posée, à cette heure, devant cette Assemblée, est celle de savoir si vous continuerez d'affirmer vos droits, si vous exigerez le respect de nos nationaux et si vous vengerez les injures qui ont été faites à notre pavillon. (Très bien ! très bien !) Car ne l'oubliez pas, messieurs, la première pensée qui nous a conduits à Madagascar a été précisément celle de la réparation de ces griefs auxquels je fais allusion. Avez-vous donc oublié ce qui s'est passé depuis de longues années ?

« La querelle avec les Hovas est déjà ancienne ; j'ai eu

le triste avantage, en 1882, de la voir passer à l'état aigu ; elle avait pris naissance quelques années auparavant. C'est à partir de 1878 ou 1879 que ce peuple avec lequel nous avions des traités positifs, des engagements contractuels qui le liaient vis-à-vis de nous, a commencé à les méconnaître.

« Et non-seulement il a porté la main sur les clauses des traités, mais vous savez que le droit de propriété qui nous avait été reconnu d'une manière formelle par le traité de 1868, a été violé dans une foule de circonstances, ou, pour mieux dire, que depuis quelques années la clause qui nous le conférait n'a jamais pu être appliquée d'une manière sérieuse, que non-seulement nos droits ont été violés, mais que nos agents ont été l'objet de sévices et que notre drapeau a été insulté. C'est au point que, dans l'année 1882, le personnel tout entier du consulat a été obligé de quitter Tananarive, et de se retirer à Tamatave, pour éviter les outrages que le gouvernement des Hovas ménageait à notre pavillon. Vous n'avez pas oublié non plus cet exode de nos nationaux obligés de quitter Tananarive au milieu de mille souffrances et des plus grands périls, et se réfugiant à Tamatave d'où ils imploraient la protection du Gouvernement français.

« C'est dans ces conditions que l'expédition de 1883 a été résolue.

« Il y avait, vous le voyez, à cette expédition, une de ces causes précises, déterminées, auxquelles les nations ne peuvent pas se soustraire. Si bien que l'honorable M. Perin lui-même, dans la discussion qui a eu lieu en mars 1884, reconnaissait que le motif qui nous amenait à Madagascar était un motif légitime.

« *M. Georges Perin.* — Et je l'ai répété avant-hier.

« *M. le ministre des affaires étrangères.* — Et M. Georges Perin le répétait, en effet, avant-hier.

« L'accord existait à cette époque, on peut le dire, sur

tous les bancs de cette assemblée, et M. Georges Perin nous le disait lui-même tout à l'heure. Il reconnaissait que nous étions tenus, que nous avions le devoir et le droit d'aller à Madagascar venger ces injures et nous faire rendre justice. Il allait même plus loin ; il disait que nous avions le droit de faire respecter les traités qui nous donnaient le protectorat de tout le nord de l'île, et il désignait les points extrêmes, depuis Mazunga jusqu'à la pointe d'Antongil.

« Il y eut donc unanimité sur tous les bancs pour poursuivre ce but assigné à nos efforts. Il ne pouvait y avoir divergence que sur les moyens pratiques d'exécution. L'honorable M. Georges Perin suggérait bien un moyen, celui du blocus général de Madagascar. L'expérience a montré que ce moyen n'était pas efficace, parce que, pour être exercé d'une manière complète, il aurait exigé un déploiement considérable de forces navales pendant un très long espace de temps, et aurait entraîné ainsi la France dans des sacrifices hors de proportion avec le résultat médiocre qu'il était permis d'en espérer. (Très bien ! Très bien !)

« D'autres moyens ont été proposés. Ici, vous le comprenez, messieurs, je n'ai pas d'opinion personnelle à exprimer. C'est aux hommes techniques, aux hommes de la marine et de l'armée de terre à apprécier le plan auquel on s'est arrêté.

« Il a consisté, vous le savez, à occuper un certain nombre de points. On s'était dit que lorsque les Hovas nous verraient ainsi solidement installés, ils comprendraient qu'ils n'étaient pas en présence d'une démonstration vaine et passagère, mais que nous allions sur leur territoire avec l'intention formelle d'y rester jusqu'à ce que satisfaction complète nous fût accordée.

« Ce plan a été mis à exécution en 1883. Les points d'occupation ont-ils été bien choisis ? Ont-ils été trop nombreux ou ne l'ont-ils pas été assez ? Il ne m'appartient pas de me prononcer ; d'ailleurs ce ne sont là que des détails dans l'application.

« Le crédit qui vous est présenté aujourd'hui a-t-il pour but de dépasser ce genre d'opérations? Nous induit-il actuellement, comme on a semblé le croire, à la conquête de Madagascar ?

« Non, messieurs. S'il s'agissait de demander à la Chambre les moyens nécessaires pour conquérir Madagascar, ce seraient des crédits autrement considérables qui vous seraient proposés.

« *Sur plusieurs bancs.* — C'est vrai ! c'est la question !

« *M. le ministre.* — Le crédit actuel a pour objet de maintenir les situations acquises. La question qui se pose n'est donc pas de savoir si vous allez marcher à la conquête de Madagascar ; mais bien de décider si vous voulez abandonner ce que vous avez fait, si vous voulez revenir en arrière ; si le peuple hova pourra dire que pour venir à bout de la République française, il suffit de savoir attendre ! Il s'agit de savoir si, après un certain nombre de mois, la puissance et la volonté de la République française seront tenues en échec par un gouvernement à moitié barbare qui se rira de nos menaces et, se croyant à l'abri dans ses montagnes, nous bravera d'autant plus à son aise qu'il nous bravera plus longtemps. (Applaudissements.)

« Je ne pense pas que ce soit là un langage qui puisse être entendu de cette assemblée, car, le 27 mars 1884, elle a affirmé solennellement la totalité de nos droits sur Madagascar, droits qui n'avaient jamais été contestés, droits qui n'ont pas pris naissance par suite de cette affirmation, mais qui ont été proclamés alors avec plus de solennité et de notoriété, droits qui existaient avant comme ils existeront après cette affirmation, et que la France ne peut pas abandonner. (Applaudissements.)

« On a essayé de railler ces droits qui, dit-on, sommeillent toujours. Mais laissez-moi vous dire que dans le patrimoine de chaque peuple il existe des droits semblables, dont on se résigne à ne pas faire usage, mais que l'on conserve soigneusement, parce que chaque génération se croit tenue de laisser à celle qui la suit ces legs précieux, qui sont le bien propre du pays, qui font partie de ses traditions et constituent une sorte d'héritage national, lui rappelant ses efforts dans le passé et ouvrant des horizons pour l'avenir.

« C'est à ce point de vue que lorsque la Chambre a proclamé ses droits, elle n'a rien créé, rien innové ; mais elle a donné au Gouvernement plus de force pour les faire valoir dans toutes les conjonctures où il pourrait se trouver placé.

« A l'heure présente, la question paraît se réduire à des termes fort simples : il s'agit de savoir, non pas si vous allez procéder à une vaste opération, pour laquelle, je le répète, l'heure n'est pas venue ou l'heure est passée, à une de ces vastes opérations qui peuvent inquiéter certains esprits, mais de savoir s'il faut donner à votre Gouvernement la force nécessaire pour maintenir les positions qu'il a prises, et qu'il a prises en verlu de l'assentiment presque unanime de cette Assemblée. (Marques d'approbation à gauche et au centre.)

« Je crois, pour ma part, que vous ne pouvez pas refuser au Gouvernement les moyens qu'il réclame. Est-ce à dire que, si vous les accordez, toute chance d'arrangement avec les Hovas aura disparu ? Est-ce à dire que le Gouvernement refuserait de recevoir les satisfactions légitimes que le peuple hova pourrait lui offrir ?

« Jamais, à aucun moment, les négociations n'ont été rompues ; seulement, savez-vous quelles satisfactions nous ont été offertes jusqu'ici ?

« Certains orateurs ont semblé croire qu'en ce qui touche nos anciens griefs et les demandes de réparation, il n'y avait qu'à entrer en rapports avec les Hovas pour que satisfaction vous fût donnée. Eh bien, savez-vous quelles satisfactions nous ont été proposées, dans les trois ou quatre négociations qui ont été ouvertes avec eux ?

« Ils ont offert, il est vrai, une indemnité pour les Français qui ont été victimes de la spoliation de leurs propriétés en 1878. Hors de là, ils n'ont rien offert et rien consenti. Je me trompe, ils ont offert une somme d'argent à la condition que vous renonciez à vos droits séculaires, à vos droits de 1840 et de 1841 !

« Eh bien, je dis que vous pouvez vous résoudre à ne point exercer vos droits pendant un certain temps ; mais, qu'il ne peut entrer jamais dans la pensée d'une Chambre française de les aliéner pour une somme d'argent offerte par des ennemis ! (Vifs applaudissements à gauche et au centre.)

« Voilà, messieurs, les satisfactions qui vous ont été proposées !

« Et quand on a abordé la question de propriété, quand on a parlé de remettre ou plutôt de laisser en vigueur le traité de 1868, — car ce traité n'avait jamais été affaibli, — savez-vous ce que le gouvernement hova a répondu : « Nous ne défendons pas aux Français d'acheter, mais nous interdisons aux Hovas de vendre. » (Exclamations sur divers bancs.)

« Je demande si une grande nation comme la France peut permettre qu'on lui tienne un pareil langage ! (Très bien ! Très bien !)

« Quand on est entré, ensuite, dans la voie des concessions ; quand on a voulu, en dernier lieu, faciliter les arrangements, quand on a proposé aux Hovas de substituer au droit de propriété le bail à long terme — ce qui est, je le reconnais, dans une certaine mesure, l'équivalent du droit de propriété — le plus long bail que le gouvernement hova ait consenti à accorder, était de 25 ans, et au delà de ce terme il a tout refusé.

« La situation est donc celle-ci : Nous sommes en présence d'un peuple qui, encouragé par la situation topographique du pays dans lequel il vit, encouragé peut-être par les hésitations qu'il a cru apercevoir dans la conduite de la puissance qui lui posait ces conditions, encouragé aussi par certaines influences sur lesquelles je n'ai pas à m'appesantir, ce peuple a cru pouvoir vous tenir le langage le plus dédaigneux, le plus inacceptable, langage dont vous ne pouvez pas, je me hâte de le dire, être blessés, car entre le peuple hova et la République française il ne saurait être question d'honneur engagé. (Très bien ! Très bien !)

« Mais je dis qu'après un pareil langage, vous vous devez à vous-mêmes de persévérer dans vos résolutions, de faire reconnaître vos droits, et de réclamer les satisfactions qui vous sont dues. (Très bien ! Très bien !)

« Je ne me dissimule pas les sacrifices qu'une pareille conduite entraine, quand il s'agit de réduire un ennemi qui montre cette ténacité. Je sais que ces sacrifices sont lourds, douloureux, et nul plus que moi ne les déplore ; c'est pour cela qu'en 1882, quand j'ai vu cette question devenir aigüe entre mes mains, j'ai longtemps hésité, parce que j'ai pour principe, avant de m'engager dans une opération difficile, de la bien examiner et, si les sacrifices m'apparaissent trop grands, de m'arrêter sur le seuil : mais ce que je n'admets pas, ce qui ne me paraît pas permis, c'est qu'une nation comme la France s'arrête quand elle a commencé une grande entreprise, et à moins que la patrie en danger ne le réclame (Très bien ! très bien !), de donner au monde le spectacle d'une conduite si mobile et si inconsistante ! (Applaudissements).

« C'est pour cela que j'ai dit, en d'autres circonstances, et je le répète aujourd'hui, que les gouvernements qui se succèdent ont le devoir, vis-à-vis les uns des autres, de recueillir l'héritage de la politique étrangère que leur transmettent leurs devanciers. (Applaudissements au centre et à gauche. — Rumeurs sur d'autres bancs.)

« Ils ont ce devoir, non pas pour renoncer à faire prévaloir leur politique propre dans les affaires qu'ils engagent eux-mêmes, mais pour continuer celles qui sont engagées, et dans lesquelles le drapeau de la France a été déployé ou sa signature donnée. (Marques d'adhésion.)

« Ici, dans cette affaire de Madagascar, ce n'est pas un cabinet, mais ce sont quatre ou cinq ministères successifs...

« *M. Roque (de Fillol)*. — Et la Chambre ?

« *M. le ministre* — ... qui ont eu à traiter dans les mêmes conditions. La Chambre à son tour a donné son adhésion. (Très bien ! Très bien !)

« Je n'ai pas à faire la revue rétrospective des incidents parlementaires qui ont précédé ou suivi cette période ; mais, bien avant 1884, le peuple hova nous avait donné de légitimes griefs, que je considérais, pour ma part, dès 1882, comme du devoir du Gouvernement de relever, et si j'étais resté au pouvoir, il est certain qu'à un moment, j'aurais proposé aux Chambres de voter des mesures coercitives.

« Dès 1882, dès 1881 et même dans les années précédentes, nous étions en présence de griefs dont nous devions poursuivre la juste réparation ; en 1884, la Chambre saisie de la question a pensé également qu'il y avait lieu de procéder ainsi.

« C'est à la suite de toutes ces constatations, de toutes ces déclarations que la France s'est trouvée engagée. Eh bien, je dis une fois de plus — car je ne saurais trop insister sur cette pensée par laquelle je termine — que ce serait, à mon sens, un spectacle profondément fâcheux et attristant que de montrer une pareillle mobilité en politique, et après avoir fait des démonstrations et posé certaines conditions, de venir déclarer aujourd'hui, en refusant les crédits, qu'on met à néant, comme étant sans portée, tout ce qui a été proclamé jusqu'ici. (Applaudissements.)

« Vous redoutez des sacrifices qui, je le reconnais, sont pénibles ; je voudrais, pour ma part, les éviter à mon pays, mais au-dessus des sacrifices il y a des considérations d'honneur, de dignité et de fierté nationale. Au point où nous sommes engagés, nous devons maintenir les décisions antérieures qui ont été prises ; nous devons continuer à occuper les points actuels et d'autres encore si c'est nécessaire, afin de nous mettre à l'abri des injures des Hovas.

« En présence d'une attitude vigoureuse, de la fermeté du vote que vous allez émettre et du retentissement qu'il aura au loin, la soumission de ce peuple ne peut manquer de se produire, quand surtout il verrra que vos résolutions sont inébranlables et que rien ne pourra lasser la persévérance et l'énergie de la République française. (Applaudissements prolongés à gauche et au centre.) »

Après cet excellent discours, M. Fréd. Passy se hasarda à la tribune pour conseiller d'aller prudemment. Mais M. de Lanessan, rapporteur, insista dans le sens de ses précédentes revendications. Il fut appuyé énergiquement par M. Ballue, et même par M. de Lanjuinais, de la droite, qui déclara qu'il n'en était pas de Madagascar comme du Tonkin, et qu'il voterait les crédits.

La discussion fut encore renvoyée au lendemain. Elle fut remplie par un long discours de M. Jules Ferry qu'une interruption de M. Camille Pelletan, dans la séance du 25, avait poussé à demander la parole. L'attention était générale et profonde. Muet depuis sa chute, M. Ferry allait-il saisir l'occasion de s'expliquer sur la politique coloniale, et, en particulier, sur sa propre politique ? Tenterait-il une justification qu'attendaient beaucoup de ses amis, mais dont le détournaient beaucoup d'autres ?

M. Ferry resta sur le terrain où se trouvait la Chambre. Après s'être expliqué sur la question de Madagascar, il se livra à de hautes considérations sur le besoin d'expansion coloniale qui entraîne les nations contemporaines et auquel ne saurait se dérober la France.

« Une nation qui a subi de grands malheurs doit se recueillir. Mais doit-elle abdiquer ? Doit-elle s'absorber dans la contemplation de sa blessure, et ne plus se mêler de rien au dehors ? C'est la pensée de certains esprits qui veulent une politique exclusivement continentale. Mais alors, pour être logiques, ils devraient demander qu'on débarrassât le budget des grosses dépenses de la marine. Si on ne va pas jusque-là, il faut cesser de combattre la politique coloniale.

« Au milieu de rivaux qui grandissent autour de nous, une politique de recueillement et d'abstention serait le chemin de la décadence. Il faut que la France prenne part au mouvement qui emporte tous les peuples dans l'expansion coloniale, si elle ne veut descendre au quatrième ou au cinquième rang.

« La Chambre ne votera pas cette abdication et le pays l'approuvera de ne pas l'avoir votée... La France n'a jamais tenu rigueur à ceux qui ont voulu passionnément sa grandeur matérielle, morale et intellectuelle. » (Longs applaudissements.)

La discussion fut reprise une quatrième journée (30 juillet). Les théories de M. Ferry furent combattues, naturellement, par M. Clémenceau. L'intervention ministérielle coupa court à des débats désormais superflus et qui devenaient orageux. M. Brisson, président du Conseil, monta à la tribune et fit une déclaration dans laquelle on applaudit particulièrement les passages suivants :

« La France, messieurs, possède des établissements coloniaux, les uns anciens, les autres récents. Ceux-ci lui coûtent cher, bien cher ; l'avenir seul dira si c'est trop cher. (Mouvements divers.)

« Et, après avoir entendu ces jours-ci divers orateurs se demander, les uns en exagérant les chiffres, paraît-il, les autres en les présentant avec une diminution sensible, quelle était l'étendue de notre commerce avec l'Algérie, de nos importations dans cette contrée, je demanderai à toute la Chambre, aux adversaires comme aux partisans des crédits que nous réclamons, si c'est là la vraie question, s'il est aujourd'hui quelqu'un qui voudrait voir en face de Toulon, en face de Marseille, une autre puissance que la France. (Très bien ! très bien ! — Applaudissements prolongés)

« *M. Laroche-Joubert.* — Personne ici n'a demandé l'évacuation de l'Algérie !

« *M. Calla.* — Ce n'est pas la République qui a conquis l'Algérie.

« *M. le président du conseil.* — Il y a donc, messieurs, au fond de ces questions, autre chose que des questions d'intérêt, autre chose que ces statistiques que l'on se jette si volontiers à la tête.

Ah ! si vous voulez que je vous le dise, depuis quinze ans que je suis dans les Parlements, une des illusions que j'ai perdues, c'est l'illusion des statistiques... (Rires approbatifs), car j'ai toujours vu, dans toutes les questions spéciales, les spécialistes, et je dirai les plus éminents, se jeter, sans pouvoir s'entendre, les chiffres à la tête, et l'ensemble du Parlement être obligé de trancher les questions par des motifs de bon sens, bien plus que par des raisons tirées d'additions, de soustractions et de multiplications. (Très bien ! très bien !)

« Il y a donc, au delà de ces questions de chiffres, de commerce et de statistique, que je ne néglige pas, mais qu'il est si difficile d'apprécier et de prévoir de loin, il y a, pour un peuple, des questions de puissance et d'honneur. (Applaudissements répétés.)

C'est sur ce terrain que nous nous sommes placés, dès le début de notre ministère. Et, en vérité, si nous avions voulu faire autre chose, est-ce que nous aurions trouvé dans cette Chambre quelqu'un pour soutenir une politique d'abandon ? (Non ! non ! — Très bien !)

Eh bien, nous ne sommes ni pour la politique d'abandon, ni pour la politique d'aventures, ni pour la politique de conquêtes... (Très bien ! très bien !), nous sommes pour la politique de conservation du patrimoine national. (Nouvelles et vives marques d'approbation.)

« Nous sommes arrivés à un moment donné de l'histoire, très récent, mais qui ne laisse pas à un gouvernement le choix sur la façon de comprendre le devoir patriotique. Non, messieurs, pas à nos yeux, du moins. Nous vous avons dit, le premier jour, comment nous l'avons compris ; nous le répétons aujourd'hui. C'est dans cette pensée que nous vous sollicitons de voter les crédits pour Madagascar.

« Nous ne faisons pas de la politique coloniale une plate-forme électorale ni pour ni contre. Ce n'est pas pour nous la question principale, la question primordiale, c'est une des questions que nous avons à étudier.

« Ce dont il s'agit aujourd'hui ce n'est pas de nous étendre, d'entreprendre à nouveau, c'est d'essayer d'aménager nos possessions nouvelles, de faire en sorte qu'elles coûtent le moins possible au pays et qu'elles rapportent le plus à ses commerçants et à ses industriels, dont vous sollicitez l'esprit d'initiative. (Très bien ! très bien !)

« C'est dans cette direction que nous travaillerons durant ces vacances. Nous soumettrons à la Chambre qui vous suivra le résultat de nos études, et la politique coloniale n'est pas d'ailleurs la seule question que rencontrera la nouvelle chambre devant elle. Elle sera saisie de bien d'autres questions intéressant les réformes, intéressant le travail, l'instruction publique, la population ouvrière. (Très bien ! très bien !) Ces questions, la nouvelle Chambre les abordera.

« Mais pour revenir au sujet de la discussion actuelle, je répète que nous nous préoccupons des meilleurs moyens d'aménager nos possessions nouvelles. C'est dans cet esprit que nous vous demandons de voter le crédit de Madagascàr ; c'est aussi dans un esprit de conciliation, de ce qui reste de conciliation possible entre les républicains, que nous vous prions d'abréger un débat qui non-seulement donne le spectacle de nos querelles, mais encore leur fournit un nouvel aliment. (Vifs applaudissements.) »

Après quelques paroles de M. Raoul Duval, la clôture fut prononcée. L'ensemble du projet pour les crédits fut adopté par 277 voix contre 120, sur 397 votants.

Au mois d'octobre, on reçut par le courrier de la Réunion des nouvelles de Madagascar. Elles étaient datées de Tamatave, du 26 septembre. Elles n'étaient pas bonnes.

L'amiral Miot venait d'essuyer un échec, le 10 septembre, sur la côte orientale, à Farafate. Il avait débarqué 1,500 hommes qu'il avait dirigés contre un camp retranché des Hovas, tandis que les navires, sur rade, canonnaient les hauteurs de Farafate. Mais les colonnes d'attaque, à environ 600 mètres de l'ennemi, furent accueillies par un feu d'artillerie d'une telle vivacité qu'elles durent se retirer. On voit quels progrès ont faits les Hovas dans leur armement.

Cet échec était en partie compensé par le brillant succès du commandant Pennequin, chef du poste d'Amboudimarou, dans la baie de Passandava. Ayant appris qu'il était menacé par un fort contingent hova, qui ravageait le pays des Sakalaves, le commandant laissa son poste pour marcher au-devant de l'ennemi avec 50 fusiliers marins et 70 Sakalaves. Il rencontra les Hovas retranchés sur une colline, au nombre de 1,200 réguliers et 800 irréguliers, les flancs bien couverts, le front protégé par une batterie d'artillerie nouveau modèle. Enlever la position ennemie, il n'y fallait pas songer. Reculer était dangereux et d'un effet moral désastreux. Le commandant Pennequin établit ses troupes sur une petite colline, opposée au camp des Hovas, et engagea une fusillade d'une remarquable précision qui abattit sur leurs pièces les artilleurs ennemis. Ainsi se passa la journée du 26 août.

Le 27, craignant d'épuiser ses munitions, le commandant battit en retraite. Mais il se trouva cerné. Les Hovas entouraient la colline. Il forma alors ses hommes en carré, et reçut les Hovas, à bout portant, par des feux de salve qui en jetèrent beaucoup sur le sol. Après plusieurs heures de lutte, l'ennemi abandonna la partie, et le commandant Pennequin regagna tranquillement le poste d'Amboudimadirou. Nos pertes étaient de deux tués et dix-sept blessés. La conduite des tirailleurs Sakalaves avait été au-dessus de tout éloge. S'ils avaient faibli, c'en était fait de nous. Nous avons donc dans ces indigènes des auxiliaires précieux pour les opérations dans l'île.

Dès la rentrée des Chambres, le cabinet Brisson présenta une demande de crédits pour le Tonkin et Madagascar, qui s'élevaient à environ 79 millions, dont 75 millions pour le Tonkin et 3,857,000 francs pour Madagascar.

Cette demande fut soumise à l'examen d'une commission parlementaire, nommée le 24 novembre, et composée de 33 membres, dont 26, sur lesquels 10 de la droite, se montrèrent dès le début hostiles à la politique coloniale. Cette commission se livra à une bruyante enquête sur l'expédition du Tonkin et en particulier sur la retraite de Lang-Son, dépouillant les rapports, évoquant les fonctionnaires civils et militaires, mettant le pays et l'Europe en même temps dans le secret de notre administration ; et, malgré tout, cherchant moins encore la condamnation de l'entreprise que celle du précédent ministère.

Le rapporteur des crédits du Tonkin fut M. Camille Pelletan ; celui de Madagascar, M. Hubbard. Tout en déclarant vouloir favoriser l'action du gouvernement à Madagascar, M. Hubbard ne lui accordait pas les crédits dans leur totalité. Il s'en fallait de quelques centaines de mille francs. Ces déplorables restrictions n'eurent heureusement pas d'effet sur les négociations engagées qui aboutirent à un résultat inattendu : la conclusion de la paix avec les Hovas, signée le 17 décembre à Tamatave, télégraphiée dès le 21, de Zanzibar à Aden, et annoncée le 22 à la Chambre des Députés par M. de Freycinet.

Les Hovas avaient longtemps répugné à inscrire dans un traité le mot de *protectorat*. Ils proposaient : *garantie*. On cherchait vainement un moyen terme. L'amiral Miot et M. Baudais, notre ancien agent, avaient conduit seuls ces négociations entamées par M. Maigrot, consul d'Italie et créole de Maurice.

Sur ces entrefaites, M. Baudais fut rappelé en France (juillet). Si on ne voulait pas faire de nouvelles propositions à la cour d'Emyrne, cependant on ne renonçait pas à profiter de ses bonnes dispositions. Aussi, au moment où M. Patrimonio, représentant de la France à la commission d'arbitrage chargée de délimiter les possessions du sultan de Zanzibar, allait s'embarquer, il fut averti qu'il aurait peut-être à se rendre à Tamatave en qualité de plénipotentiaire de la République française. Ce qui eut lieu.

En effet, à la fin de novembre, deux négociateurs hovas se rendaient auprès de l'amiral Miot, à bord de la *Naïade*. L'amiral envoya l'aviso le *Limier* prendre M. Patrimonio à Zanzibar. M. Patrimonio arriva avec un traité tout rédigé, préparé par M. de Freycinet. Il fut signé le 17 décembre, presque dans son entier.

Les bases en sont excellentes. La France aura un résident général à Tananarive, qui sera l'intermédiaire obligé du gouvernement hova avec les états étrangers. En réalité, nous avons le protectorat politique et diplomatique de Madagascar ; mais nous n'intervenons en rien dans l'administration intérieure du pays.

Les clauses commerciales nous offrent de plus sérieux avantages :

1° La reine s'engage à favoriser par tous les moyens en son pouvoir le développement des relations maritimes et commerciales de la France avec ses sujets ;

2º Le gouvernement verse entre nos mains 10 millions pour indemniser nos nationaux et les étrangers des pertes subies pendant la guerre. Nous occuperons Tamatave et nous percevrons les revenus des douanes jusqu'à l'entier payement de cette somme ;

3ª La reine nous cède la baie de Diego-Suarez. La possession de ce magnifique estuaire, au nord de l'île, nous assure une station maritime de premier ordre, dans l'océan Indien, au moins égale à celle que nous avons perdue en 1814, avec l'île de France ;

4º Des baux d'occupation, à durée indéterminée, pourront être conclus au profit de nos nationaux et être renouvelés par les parties contractantes, sans l'intervention du gouvernement hova.

Comme nous l'avons vu, une des principales causes de nos difficultés avec la cour d'Emyrne, c'était la violation du traité d'août 1868, dont l'article 4 était ainsi conçu :

« Les Français à Madagascar jouiront d'une complète protection pour leurs personnes et leurs propriétés. Ils pourront, comme les sujets de la nation la plus favorisée, et en se conformant aux lois et règlements du pays, s'établir partout où ils le jugeront convenable, *prendre à bail ou acquérir toute espèce de biens, meubles et immeubles*, et se livrer à toutes les opérations commerciales et industrielles qni ne sont pas interdites par la législation intérieure... »

Or, une loi hova, portant le numéro 85, avait presque aussitôt annulé cette stipulation, en défendant à tout Malgache de vendre ses terres à un étranger, sous peine de dix ans de fer. C'est cette loi qui avait entravé la succession Laborde en 1878. Grâce au traité nouveau, elle se trouve abrogée désormais.

Telle est la brusque solution d'une question qui menaçait de devenir irritante en se prolongeant davantage. Elle n'allège pas seulement des charges onéreuses. Elle coupe court à tous les projets pour la soumission des Hovas, qu'entassait la complaisance des publicistes et des politiciens.

L'un parlait d'envoyer là-bas plusieurs milliers de soldats et de prendre Tananarive. C'était une fantaisie d'une cinquantaine de millions à joindre aux sommes absorbées par le Tonkin, sans compter les rigueurs d'un climat funeste aux Européens. L'autre conseillait de faire le blocus de l'île, de confisquer les douanes et d'affamer les Hovas. Comme si l'étendue de Madagascar ne défiait pas le développement et la vigilance d'une pareille croisière. Tel autre, comme M. de Lanessan, réclamait seulement le protectorat de la côte nord-ouest, sans demander aux Hovas de consacrer des droits qu'ils n'ont pas à consacrer. Tel autre, comme M. Dureau de Vaulcomte, député de La Réunion, poussait à une action énergique contre Tananarive, en faisant appel à l'élément indigène de Madagascar et à l'élément créole de La Réunion. D'autres, enfin, proposaient de recruter dans le Transvaal des volontaires Boërs pour la conquête de Madagascar.

D'après eux, la promesse de belles terres à prendre sur les Hovas aurait suffi pour amener dans l'île plusieurs milliers de ces habiles chasseurs, habitués au climat d'Afrique, qui auraient guidé nos colonnes à Tananarive, et qui auraient implanté à Madagascar une race hostile à l'Angleterre et favorable à la France.

La solution actuelle est la plus courte et ne paraît pas la moins bonne. Comme je crois l'avoir montré, comme le déclarait M. de Freycinet à la Chambre, il s'agissait beaucoup moins de conquérir Madagascar que d'y faire reconnaître nos droits séculaires, que d'y faire respecter notre vieille et légitime autorité. Grâce au récent traité, l'action de la France se fera sentir directement par les conseils de notre représentant à Tananarive. Elle se fera sentir indirectement par le voisinage de La Réunion et de Maurice.

Les Hovas sont perfectibles ; ils sont capables d'industrie. Pourquoi ne continueraient-ils pas, sous l'influence de la France, ce qu'ils avaient commencé de faire sous l'impulsion des Laborde et des Lambert ? D'autant plus que l'élément français trouvera un concours précieux dans l'élément créole de la Réunion et de Maurice.

En effet, notre île de la Réunion devient trop petite pour sa population qui débordera sur Madagascar et y trouvera un inépuisable terrain d'exploitation agricole. Il s'y joindra la concurrence de Maurice, dont beaucoup de familles françaises aspiraient à peupler Madagascar. Pour se convaincre de quelle sympathie nos anciens compatriotes suivent les efforts de la France à Madagascar et accueilleront ses succès, il suffit de lire, entre tant d'autres, les quelques extraits qui suivent des journaux de Maurice.

« C'est une ère nouvelle qui se lève pour nous. Madagascar sous le protectorat de la France, c'est la liberté, c'est le commerce sans entrave, c'est la libre exploitation des richesses de ce pays. »

(*The Merchants and Planters Gazette*, 19 décembre 1883).

« Tous, nous sentons que là est l'avenir des nôtres, que là est le salut pour eux. Tous, nous savons qu'alors que l'air et l'espace nous manquent ici, il se trouve là, à nos portes, un vaste champ, une mine inépuisable de bien-être, de confort et de fortune, qui n'attendent que des ouvriers de bonne volonté pour les exploiter et les mettre en valeur. C'est là ce qui fait que tous ici nous avons les yeux tournés vers Madagascar, et que nous faisons des vœux sincères pour que ce beau pays, que la Providence a placé à notre portée, soit enfin ouvert, par les armes victorieuses de la France, au progrès et à la civilisation. »

(*Cernéen*, 21 avril 1884).

« Madagascar peut être considéré comme un nouvel Eldorado, non-seulement pour nos frères les Bourbonnais, mais aussi pour nous autres Mauriciens, à qui le sol natal commence à refuser l'espace et même la nourriture. Dans l'état actuel de misère qui sévit un peu partout, un courant d'émigration des pays trop populeux vers des centres non encore exploités s'impose absolument à la majorité des déshérités. Beaucoup de jeunes gens de Maurice, pour qui la lutte pour l'existence est devenue ici impossible, en raison de l'envahissement de la colonie par les Asiatiques, n'ont pas d'autre perspective que cette émigration. »

(*La Sentinelle de Maurice,* 10 septembre 1885).

C'est avec l'espoir que ces amis lointains travailleront à faire de la Grande-Terre la *France Orientale* que rêvait le XVIIe siècle, qu'il faut saluer notre nouvel et définitif établissement à Madagascar. C'est ainsi que la République renouera la tradition coloniale de l'ancien régime, et que les exploits de nos amiraux et de nos soldats ne laisseront pas stériles les travaux des Flacourt et des La Bourdonnais.

Décembre 1885.

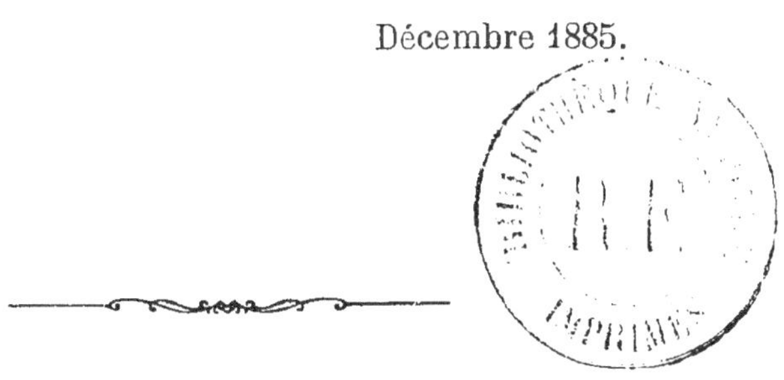

Grenoble. — Imprimerie Ve RIGAUDIN, 8, rue Servan.

www.ingramcontent.com/pod-product-compliance
Lightning Source LLC
Chambersburg PA
CBHW051617060726
47597CB00004B/1321